Desarraigando

EL

RECHAZO

Identificando y Eliminando La Mentalidad de Rechazo

Greg Mitchell

Diseño de Portada y Contraportada: Steven Ciaccio

ISBN: 979-8-9907176-2-6

ISBN: 979-8-9907176-3-3

Se han solicitado los datos de catalogación de la Biblioteca del Congreso.

Impreso en los Estados Unidos de América

Página de Título

Dedicación

A mis padres Wayman y Nelda Mitchell:
Ustedes rompieron la maldición del rechazo de sus vidas y nos criaron con amor y aprobación. Estoy eternamente agradecido. Los puntos de referencia que establecieron para nosotros han bendecido mi vida, mi matrimonio, mi familia y todos los lugares donde puedo tener influencia a través de mi ministerio, hasta el día de hoy. Tú, estando muerto, aún hablas. Hebreos 11:4

A las congregaciones donde hemos tenido el privilegio de pastorear - Launceston, Footscray, Dandenong, Eldorado Park y Prescott:
Permitieron que me desarrollara en el ministerio y llegar a ser más eficaz como pastor. En cada lugar, aprendí lecciones que me han ayudado a convertirme en el hombre y Pastor que soy hoy. Su apoyo, oraciones, y paciencia cada uno contribuyó en algo a mi desarrollo a lo largo del camino, así que cualquier bien que Dios logra a través de Lisa y yo - ustedes tienen una parte en ello.

Al amor de mi vida: Mi esposa Lisa:
Me soportaste y oraste por mí mientras crecía y resolvía algunos de mis propios problemas de rechazo. Madurado juntos y hemos crecido juntos. Yo no existo sin ti. Mi vida es rica contigo. Te amo.

Prólogo

"¡Deberías escribir otro libro!" dije mientras tomaba un café con Greg Mitchell y varios otros pastores en Prescott, Arizona, tras una reciente Conferencia Bíblica.

Dije estas palabras teniendo en cuenta el increíble éxito de su primer libro, "Poder de Sanidad", que inspiró y ayudó a multitudes de creyentes y líderes. Les motivó e instruyó para experimentar por sí mismos el éxito al ministrar el poder sanador de Dios.

"Desarraigando el Rechazo" se enseñó por primera vez como una serie de Estudio Bíblico para Adultos por Greg Mitchell, y estas notas fueron puestas a disposición de pastores e iglesias del Compañerismo alrededor del mundo para sus congregaciones. Yo hice precisamente eso. Enseñé la serie en mi iglesia en Perth, Australia Occidental, ¡y la ayuda que la gente recibió al aplicar estos principios fue asombrosa! Constantemente recibía testimonios de libertad y liberación de personas que habían estado plagadas de esta mentalidad durante muchos años. Tener estas ideas, principios y ayuda práctica en forma de libro fue, para mí, una idea emocionante.

Mi interés por este tema comenzó en una etapa temprana de mi ministerio. Mientras asistía a una Conferencia Bíblica en 1988 en Perth, recibí una palabra profética del pastor fundador de nuestro Compañerismo, Wayman Mitchell. Habló de cómo había recibido esta escritura al principio de su ministerio y quería compartirla conmigo.

Isaías 49:25 RVR1995 Pero así dice Jehová: "Quizás el cautivo sea rescatado del valiente y el botín sea arrebatado al tirano, pero yo defenderé tu pleito y salvaré a tus hijos".

"Esta es una escritura de liberación", dijo el pastor Mitchell, "y hay que buscar en las cosas espirituales para dar respuestas y libertad a los demás".

No mucho después de esto, leí mi primer libro sobre el rechazo. El libro describía el rechazo como el golpe maestro satánico, la enfermedad no diagnosticada en el cuerpo de Cristo. Decidí que necesitaba saber más si quería ministrar eficazmente el evangelio a este mundo quebrantado. Así comenzó mi jornada para investigar y aprender sobre este tema crítico.

Después de enseñar de las notas que recibí de Greg Mitchell y de leer una copia temprana de este libro, estoy seguro de que los principios dentro de sus páginas serán un recurso muy beneficioso. No solo ayudara a aquellos que quieren superar sus propios problemas personales sino también a aquellos que quieren ministrar sanidad y liberación a otros más exitosamente.

He tenido el privilegio de conocer a Greg Mitchell por muchas décadas y he visto la increíble fe, trabajo duro y sabiduría que tiene en la vida y en ministrar la Palabra de Dios. Recomiendo encarecidamente este libro y la experiencia del autor. Greg Mitchell tiene una aguda perspicacia y habilidad. Ha trabajado duro para dar vida a este tema vital en este libro práctico pero profundamente detallado.

Al leer estas páginas, confío en que encontrarás la libertad de Dios y experimentarás una esperanza renovada para un futuro mejor. Que estos principios que cambian la vida impacten no sólo tu vida sino también las vidas de aquellos a quienes estás ministrando mientras todos nos esforzamos por "Desarraigar el Rechazo".

Daryl Elliott
Perth, Australia Occidental

Prefacio

"¿Qué me pasa?", me preguntó el hombre. Estaba sentado con el cuerpo tenso y los puños cerrados. Parecía frustrado y agotado. "En cada nueva relación que comienzo, en cada nuevo trabajo que empiezo, en poco tiempo me siento ofendido por algo que se dice o por algo que ocurre. Reacciono malamente, lo que termina con la relación o con el trabajo o lo hace incómodo, y tengo que continuar. Me paso la mitad del tiempo dolido o molesto y la otra mitad preocupado por lo que la gente piense de mí. Estoy volviendo loca a mi familia y aún a mí mismo. ¿Por qué no puedo sentirme normal, como los demás?". Como a muchas otras personas a las que he asesorado a lo largo de los años, este hombre se daba cuenta de que su forma de sentir y reaccionar no le ayudaban, pero no tenía ni idea del por qué, y desde luego, ni de cómo cambiar.

La gente me fascina. Como pastor, me dedico a las personas. He sido llamado por Dios para ministrar por Él - a la gente. Desde mis comienzos en el ministerio, al tratar de ayudar a la gente, me quedé perplejo por las decisiones que tomaban, las acciones que emprendían y las reacciones que vi ante diversas situaciones y conversaciones. Vi gente que tomaba decisiones, emprendía acciones y reaccionaba a menudo de forma dañina. Muchas de estas formas eran totalmente irracionales y, por lo general, destructivas para sus vidas, para sus relaciones y para su caminar con Dios. Inclusive en mí mismo, reconocí que, a veces, actuaba o reaccionaba de maneras que no eran provechosas.

Así que empecé a hacer preguntas: ¿POR QUÉ? ¿Por qué la gente elige, actúa o reacciona de forma irracional o insana? ¿Cuál es la raíz de estas cosas? ¿Cómo llega la gente a ser así? Me hice estas preguntas para comprender mejor y para poder ayudar espiritualmente a la gente.

Cuando era un pastor muy joven, encontré un libro que trataba el tema del rechazo. No daba muchas maneras prácticas de tratar el problema, pero me abrió los ojos al tema del rechazo. Respondía a muchas de las preguntas que me hacía sobre las personas y que ellas me hacían a mí. A partir de ese momento, empecé a buscar en la palabra de Dios, a orar para comprender, a hacer preguntas y a leer cualquier libro que cayera en mis manos para tratar de ayudar a la gente. He predicado muchos sermones sobre el rechazo a lo largo de los años.

En 2021, comencé a enseñar una serie en la clase de escuela dominical para adultos en la iglesia que soy pastor en Prescott, Arizona (La Casa del Alfarero). Originalmente tenía la intención de que fuera una serie de 4-6 semanas, pero desde la primera lección, estaba claro que esto iba a satisfacer necesidades profundas y ayudar a la gente de manera práctica. Así que profundicé más de lo que lo había hecho en mi ministerio anterior y amplié la serie a 16 lecciones.

"Desarraigando el Rechazo" fue la primera serie mía que se proyectó en muchas iglesias de nuestro Compañerismo. Eso me mostró que Dios la estaba usando para suplir necesidades en la gente. Empecé a recibir comentarios y testimonios de lo mucho que la gente fue ayudada, sanada y liberada por la enseñanza. Desde entonces, muchas personas me han animado a escribir un libro basado en la serie.

Así que, allá vamos. Este libro examinará los asuntos del pasado de las personas para ayudar a liberarlas. Subrayo que no soy psicólogo ni abogo por la terapia para intentar ayudar. Creo en dos cosas fundamentales:

1. Creo que Dios es la respuesta a todos los problemas humanos. Mi objetivo es que pongas tus ojos en Jesucristo, quien es la verdadera fuente de toda libertad:

    a. **Juan 8:36 NVS** Por lo tanto, si el Hijo te hace libre, serás verdaderamente libre.

2. Creo en la <u>liberación sobrenatural</u> y en el poder de la <u>verdad</u> para traer la libertad

    a. **Juan 8:32 RVR1995** Y conocerás la verdad, y la verdad te hará libre".

Animo a cualquiera que lea esto (o lo escuche) a que se tome el tiempo de anotar las escrituras que utilizo en cada lección y las lea, las estudie y ore sobre ellas por sí mismo. Pídele a Dios no sólo que te dé información, sino <u>revelación</u>.

Efesios 1:17-18 RVR1995 para que el Dios de nuestro Señor Jesucristo, el Padre de gloria, les dé el espíritu de sabiduría y de revelación en el conocimiento de Él; ¹⁸alumbrando los ojos de vuestro entendimiento, para que sepan cuál es la esperanza de su llamamiento, cuáles las riquezas de la gloria de su herencia en los santos

Si Dios te da revelación, entonces Él puede traer sanidad y liberación del rechazo.

También habrá enlaces a oraciones reales a lo largo del libro con las que podrás usar como guía y orar tú mismo.

Pastor Greg Mitchell

Prescott, Arizona

Abril de 2024

Capítulo 1 Las Raíces del Rechazo

El pastor Rick Renner cuenta de una vez que estuvo enfermo durante mucho tiempo en la escuela secundaria, por lo que se perdió algunos principios básicos de matemáticas que necesitaba para la clase de álgebra. En consecuencia, se atrasó con respecto al resto de la clase. Su profesora se burló de él por no saber cosas básicas y empezó a llamarle "Estúpido". Ella pasaba lista: *"¿Estúpido Renner?"* Y él respondía: *"¡Aquí!"* **Asumió la opinión de ella como su identidad.**

Nuestros problemas de rechazo tienen raíces profundas.

El Principio de las Raíces

La Biblia habla del principio de las **raíces**: Las raíces son cosas que están bajo la superficie. Suelen estar ocultas. Sin embargo, las raíces que están bajo la superficie determinan lo que sucede sobre la superficie. ¡Raíces enfermas siempre producirán frutos malos!

> *Deuteronomio 29:18 RVR1995 Asegúrense de que ningún hombre ni mujer, ni clan ni tribu entre ustedes, aparte hoy su corazón del SEÑOR nuestro Dios para ir a adorar a los dioses de esas naciones. Tengan cuidado de que ninguno de ustedes sea como una raíz venenosa y amarga.*
>
> Aquí, Dios dice que la raíz de un corazón que se aleja del Señor siempre producirá un veneno amargo que traerá efectos externos destructivos.

Oseas 9:16 RVR1995 *Efraín fue herido, su raíz está seca, no dará más fruto. Aunque engendren, yo haré morir el precioso fruto de su vientre.*

En este texto, Dios señala que las raíces marchitas o enfermas no pueden producir buenos frutos.

Hebreos 12:15 NVT *Cuídense unos a otros, para que ninguno de ustedes deje de recibir la gracia de Dios. Tengan cuidado de que no brote ninguna raíz venenosa de amargura, la cual los trastorne a ustedes y envenene a muchos.*

Las Raíces del Pasado

Cada persona es, de alguna manera, producto de su pasado, tanto en lo bueno como en lo malo. Si su pasado fue bueno y saludable, entonces el pasado produce frutos duraderos que bendicen sus vidas. Pero si su pasado no fue bueno y fue no saludable, entonces el pasado produce frutos duraderos en sus vidas que son malos. Las personas que hoy piensan, sienten y reaccionan de manera nada saludable son el fruto de un pasado enfermo. Algunos de los frutos poco saludables del pasado incluyen formas de pensar, emociones destructivas, adicciones y dificultades para relacionarse.

- **Vergüenza y pena:** He visto a personas hablar o incluso pensar en su pasado, años después, ponerse rojas de vergüenza o pena.
- **Ira:** Otras personas se enojan por sucesos que pueden haber ocurrido años antes. Los acontecimientos del pasado siguen afectando a sus emociones años después.
- **Luchando con el pasado:** Algunas personas viven su vida reaccionando contra acontecimientos pasados. Pueden hacer votos internos como:

"Nunca volveré a ponerme en ese tipo de situación". O algunos se pasan la vida intentando demostrar que las personas de su pasado se equivocan: *"Les demostraré que no soy estúpido. Les demostraré que no soy inútil".*

Las raíces de un pasado dañado nos impiden producir cosas buenas en nuestras vidas. Esto a menudo se manifiesta en una incapacidad para formar buenas relaciones: *Con Dios, y con otras personas.*

El pasado no es una <u>excusa</u>, es una <u>explicación</u>. Una respuesta incorrecta es pensar que un pasado negativo nos excusa de la necesidad de cambiar o de tratar a la gente de forma equivocada.

> *__2 Reyes 2:19-22 RVR1995__ Los hombres de la ciudad dijeron a Eliseo: Mira, el lugar en donde está colocada esta ciudad es bueno, como mi señor ve; pero el agua es mala y la tierra es estéril. 20 Tráiganme una vasija nueva y pónganle sal, dijo él. Cuando se la trajeron, 21 Eliseo fue hacia los manantiales de las aguas, echó la sal y dijo: Así dice Jehová: "Yo sané estas aguas, ya no habrá en ellas muerte ni esterilidad". 22 Y las aguas fueron sanadas hasta hoy, conforme a la palabra que pronunció Eliseo.*

Esta historia explica correctamente cómo sanar de un pasado negativo. Los hombres de la ciudad le contaron la historia negativa del agua, ¡así que Eliseo sabía <u>dónde</u> aplicar la sanidad sobrenatural!

CAPÍTULO 1 — **ENTENDIMIENTO** **CLAVE**

El pasado no es una excusa, es una explicación.

Por qué el Pasado Tiene Efecto Hoy

Cuando se piensa en los efectos de las raíces negativas del pasado, la pregunta es **¿por qué?** Podemos ver que algunas cosas del pasado no nos afectan hoy. Puede que te rompieras un brazo o te hicieras un corte en alguna parte del cuerpo cuando eras joven, pero esos cortes y heridas no tienen ningún efecto duradero hoy. En su momento dolieron, pero luego sanaron y el efecto pasó. Entonces, ¿por qué algunas palabras o acontecimientos del pasado siguen teniendo un efecto tan poderoso sobre nosotros hoy en día?

La respuesta es que hay <u>necesidades</u> creadas por Dios dentro de cada persona:

- **Dios ha diseñado a cada persona para que necesite relaciones**:

    Génesis 2:18 RVR1995 Después dijo Jehová Dios: No es bueno que el hombre esté solo: le haré ayuda idónea para él.
    La frase "ayuda idónea" significa en realidad "ayudante que completa". Somos <u>incompletos</u> sin las relaciones humanas. Se supone que las relaciones humanas sanas suplen algunas cosas que <u>hay que tener</u> para estar sano.

    - **Dios ha diseñado a cada persona para que necesite amor y aceptación:** Debemos sentirnos amados y aceptados por las personas en nuestra vida. Esto no es opcional, es una necesidad que Dios nos ha dado y que afecta a todas las áreas de nuestras vidas.
    - **<u>Afecta a tu sentido del valor</u>:** Esto significa cómo ves tu propio valor. R.C. Sproul dijo: "Anhelamos creer que de alguna manera somos importantes. Este impulso

interior es tan intenso como nuestra necesidad de agua y oxígeno".

- **<u>Afecta a tu identidad</u>**: La identidad es quién eres, o quién se supone que eres. ¿Has conocido alguna vez a personas que cambian constantemente de imagen? En un momento dado, visten como un atleta; luego tienen una imagen de rapero bandolero, y después se visten como un vaquero. No es sólo que sus intereses hayan cambiado: **¡el problema es que no saben quiénes son!** La identidad viene de adentro, pero la gente intenta adoptar una identidad desde afuera. Un joven de nuestra iglesia en Sudáfrica me preguntó: *"¿Quién soy?"*. No se refería a su <u>nombre</u>, sino a su falta de identidad.

- **<u>Afecta a tu seguridad</u>**: ¿Por qué los niños pequeños se aferran a su madre o a su padre cuando están nerviosos o asustados? Porque sienten cierta seguridad. El amor te hace sentir seguro. Es habitual que las personas intenten poner una cara o una imagen determinada fuera de casa, pero piensan que pueden ser ellas mismas en casa. Lo hacemos porque en general nos sentimos seguros en nuestras relaciones en el hogar. Nuestra familia nos conoce, nos quiere y nos acepta.

CAPÍTULO 1 — **ENTENDIMIENTO** ☐ **CLAVE**

Las decisiones que tomamos en la vida se basan en nuestra autoestima y nuestra identidad.

Las decisiones que tomamos en la vida se basan en nuestra autoestima y nuestra identidad. Un Pastor cuenta que visitó en el hospital a un hombre homosexual que se estaba muriendo de sida. El hombre confesó que de pequeño habían abusado de él. Dijo que siempre creyó que algo estaba mal con él y que nunca podría ser como los hombres que admiraba. Dijo: *"¡Yo no quería ser así! ¡Lo odio! Me odio a mí mismo. Pero soy así. Así es como me veo"*.

Por eso algunos acontecimientos del pasado tienen un efecto tan poderoso en nosotros incluso hoy. No es que el acontecimiento (el rechazo) sea tan poderoso: Puede haber sido simplemente una palabra dicha o una cara de desprecio. Pero el acontecimiento fue tan poderoso porque nuestra necesidad de amor y aceptación era tan fuerte que amplificó los efectos del rechazo.

Una familia de nuestra iglesia me estaba escuchando predicar, cuando la hija pequeña se inclinó hacia su madre y le dijo: *"El pastor Greg acaba de decir una mala palabra"*. ¿Cuál fue la mala palabra que dijo el pastor Greg? **Estúpido.** Probablemente hice un comentario sobre que el pecado es estúpido. Para mí, estúpido es sólo una palabra de ocho letras que es una descripción. Para mí, estúpido no es una mala palabra, porque nunca me han atacado usando esa palabra. Pero para los padres que fueron llamados "estúpidos" cuando eran jóvenes - estúpido es como una palabra de maldición ofensiva y está prohibida en su casa. Hay personas a las que una simple palabra puede causar dolor porque recibieron un mensaje doloroso en algún momento de su pasado utilizando esa palabra.

A veces, necesitamos identificar las raíces dañadas de nuestro pasado, para poder arrancar de raíz los efectos adversos que siguen produciendo en nuestra vida actual.

Raíces Del Rechazo

Si es verdad que nuestra necesidad creada por Dios es de amor y aceptación, entonces una poderosa estrategia del infierno contra nosotros es hacer que seamos **rechazados** por la gente. **Rechazo:** *Negarse a aceptar o aprobar; No valorar - o no dar valor.*

El rechazo en general viene a través de las personas:

Algunas personas experimentan un rechazo <u>activo</u>: *El rechazo activo son acciones intencionadas llevadas a cabo con palabras habladas y acciones físicas contra nosotros.*

> ***Jueces 11:2 NVT*** *La mujer de Galaad también tuvo varios hijos, y cuando estos medio hermanos crecieron, echaron a Jefté de la tierra. "No recibirás nada de la herencia de nuestro padre", le dijeron, "porque eres hijo de una prostituta".*

Aunque tenían el mismo padre, los hermanos le dijeron a Jefté: *"¡No te queremos aquí! No encajas en nuestra familia. No tienes derecho a tener un lugar en nuestra familia".* Lo rechazaron.

- El abandono es un rechazo activo.
- El divorcio es un rechazo activo.
  - Algunos divorcios se deben a que uno de los padres quiere una nueva vida, sin sus hijos.
  - Un cónyuge que se divorcia de ti te está rechazando activamente.
- Que te digan que no vales nada o que eres estúpido es un rechazo activo.
- Que te digan que no te quieren es un rechazo activo.

El Diablo es un estratega. *Hace planes para causarnos daño* y se asegura de que, en momentos concretos de nuestra vida, nos encontremos con alguien que nos rechace activamente. Algunas personas describen un momento de su vida en el que un entrenador o un profesor parecía tener una aversión activa contra ellos (no necesariamente relacionada con sus malas acciones) o parecía deleitarse haciéndoles sentir mal.

Yo fui criado con padres excelentes y cariñosos. Pero en un momento crucial de mi adolescencia, el Diablo inspiró a algunos hombres para que se esforzaran en menospreciarme y atormentarme de diversas maneras. No sabía qué había hecho mal para merecerlo. En aquel momento no me di cuenta de que era una estrategia del infierno para atacar mi confianza, mi identidad y meterme miedo al rechazo.

Algunas personas experimentan un rechazo <u>pasivo</u>: *El rechazo pasivo consiste en no dar lo que se necesita: Amor y aceptación.*

Para algunos, esto se manifestó en frialdad emocional o falta de comunicación: *nunca se les mostró afecto o palabras de amor y aceptación.* Una afirmación habitual de la gente es: *"Estoy seguro de que mi padre o mi madre me querían, sólo que nunca lo dijeron".*

Génesis 27:38 RVR1995 Esaú dijo a su padre: "¿Sólo tienes una bendición, padre mío? Bendíceme a mí también, padre mío". Entonces Esaú lloró en voz alta.

En el libro "The Impossible Climb" (La Escalada Imposible) se relata una ocasión en la que Ben Smalley visitó a su amigo Alex Honnhold y empezó a preocuparse por la forma en que su amigo estaba llevando la muerte de su padre, que consistía en actuar como si nada hubiera pasado. Smalley dijo: *"Recuerdo que le pregunté claramente: '¿Por qué no estás más afligido?'".* Alex lo explicó diciendo a Smalley: *"Papá y yo no estábamos muy unidos. Lo único que hacía era llevarme a escalar, era lo único que compartíamos. No hablábamos. Se paseaba por la casa como un* fantasma. *Es difícil echar de menos a alguien que realmente no estaba allí".*

El rechazo puede venir a través de acontecimientos o circunstancias:

- La muerte de uno de los padres cuando un niño es pequeño cambia su forma de ver el mundo y causa miedo en sus corazones y mentes.
- Los abusos físicos o sexuales transmiten un mensaje terrible a quienes los han sufrido.
- El fracaso hace que la gente se sienta rechazada. El fracaso es común a todos los seres humanos: no es posible ganar siempre en la vida. Sin embargo, las personas que han fracasado en la escuela, en los negocios o en el ministerio atribuyen un mensaje de valor incorrecto al fracaso percibido.
- Las personas nacidas en la pobreza con frecuencia se sienten rechazadas. Cuando van a la escuela, ven a compañeros con ropa o juguetes que ellos no pueden tener. Lo interpretan incorrectamente como: *"Yo no tengo valor"* o *"Mi valor viene de lo que poseo".*

El Fruto Del Rechazo

Las raíces del rechazo siempre producen frutos: *efectos negativos y destructivos en nuestras vidas.* Esto se debe a que cada rechazo lleva un mensaje, ¡y el mensaje es una mentira!

La principal arma del Diablo contra nosotros es la **mentira.** ¡Él _es_ un mentiroso!

Juan 8:44 NVS Ustedes son de su padre el diablo, y quieren cumplir con los deseos de su padre, quien desde el principio ha sido un homicida. No se mantiene en la verdad, porque no hay verdad en él. Cuando habla mentira, habla de lo que le es propio; porque es mentiroso y padre de la mentira.

El mensaje que recibimos de cada rechazo es una mentira sobre nuestro valor:

• No valgo nada, por eso me rechazaron.
• Mi valor se basa en la opinión que los demás tienen de mí.
• Mi valor se basa en mi desempeño.
• Mi valor se basa en mi exterior o mi cuerpo.
• Mi valor se basa en la sexualidad.
• Mi valor se basa en lo que poseo.

Estas mentiras producen frutos destructivos.

Romanos 8:15 NVS El Espíritu que recibimos no nos hace otra vez esclavos del miedo; nos hace hijos de Dios. Con ese Espíritu clamamos, "Padre".

Para las personas rechazadas, el miedo es la mentalidad predominante:

• Tememos no valer nada.
• Tememos ser rechazados.
• Tememos las relaciones.
• Tememos fracasar.
• Tememos el compromiso.
• ¡Tememos a DIOS!

El rechazo se convierte en una mentalidad que filtra cada palabra que oímos, cada acción de las personas que nos rodean y cada situación que encontramos, y controla nuestras vidas.

2 Corintios 10:4 RVR1995 Porque las armas de nuestra milicia no son carnales, sino poderosas en Dios para la destrucción de fortalezas.

La palabra <u>fortaleza</u> tiene dos significados distintos:

1. Prisión: *Las personas están atrapadas o cautivas en formas nada saludables de pensar, actuar y reaccionar.*

2. Fuerte: *Un fuerte es un puesto militar avanzado que domina un área;* antiguamente un fuerte estaba en un lugar que permitía a los soldados tener acceso al área y desde ella.

CAPÍTULO 1 — **ENTENDIMIENTO** 🔑 **CLAVE**

El rechazo se convierte en una mentalidad que filtra cada palabra que oímos, cada acción de las personas que nos rodean y cada situación que encontramos, y controla nuestras vidas.

El rechazo no es sólo psicológico, es sobrenatural.

2 Corintios 10:4 RVR1995 Habla de *"las armas de nuestra milicia".* Esta es la misma imagen y lenguaje que se usa en *Efesios 6:12 NTV Porque no luchamos contra enemigos de carne y hueso, sino contra poderes malignos y autoridades del mundo invisible, contra potestades en este mundo tenebroso y contra espíritus malignos en los lugares celestiales.*

¿Qué crea fortalezas de pensamiento incorrecto? ¿Qué atrapa a las personas en patrones de emociones, reacciones y decisiones destructivas? ¡Seres espirituales sobrenaturales que luchan contra nosotros! **¡El rechazo es un espíritu demoniaco!** Es por eso que la terapia o la información por si solas no pueden arreglarlo.

¡El rechazo es un espíritu demoníaco!

E l rechazo domina nuestras relaciones con Dios y con las personas.

- El rechazo impide una relación sana con Dios.
- El rechazo impide las relaciones sanas con las personas.

El rechazo domina nuestra visión de nosotros mismos

Números 13:33 RVR1995 Allí vimos gigantes (los descendientes de Anac procedían de los gigantes); éramos como langostas al lado de ellos, y así nos miraban ellos".

El resultado de siglos de rechazo y violación por parte de los egipcios cambió la forma en que el pueblo de Dios se veía a sí mismo: Somos como langostas - somos incapaces de hacer lo que Dios quiere que hagamos.

¡Pero note que no era así como Dios los veía! El rechazo les había dado un mensaje que era mentira - y ahora creían las mentiras del enemigo sobre ellos.

Sanidad y Raíces Saludables

Hablaremos más adelante en el libro específicamente sobre cómo desarraigar el rechazo de nuestras vidas, pero por ahora quiero darte algo de esperanza: ***Dios planea liberarnos y sanarnos del pasado.***

Dios quiere eliminar las raíces malas que nos afectan hoy.

Jeremías 31:28 RVR1995 Y sucederá que así como tuve cuidado de ellos para arrancar y derribar, para trastornar, destruir y afligir, tendré cuidado de ellos para edificar y plantar, dice Jehová.

Lucas 17:6 RVR1995 Y el Señor dijo: Si tuvierais fe como un grano de mostaza, podríais decir a este sicómoro: Arráncate de raíz y plántate en el mar, y les obedecería.

En ambos versos, Dios tiene el poder de arrancar o desarraigar cosas. Él capacitará a Su pueblo sobrenaturalmente para desarraigar cosas malas en sus propias vidas.

Dios quiere sanarnos del pasado.

Lucas 4:18 RVR1995 El Espíritu del Señor está sobre mí, por cuanto me ha ungido para dar buenas nuevas a los pobres; me ha enviado a sanar a los quebrantados de corazón, a pregonar libertad a los cautivos y vista a los ciegos, a poner en libertad a los oprimidos

La respuesta a cualquier cosa negativa en nuestras vidas es un milagro de sanidad.

- La sanidad de nuestras vidas comienza en nuestros corazones.

    Me ha enviado a sanar a los quebrantados de corazón...

- El resultado de la sanidad es la libertad.

    Para pregonar libertad a los cautivos... Para poner en libertad a los oprimidos;

Dios quiere plantar raíces sanas en nuestros corazones y mentes.

Salmo 1:3 RVR1995 *Es como un árbol plantado junto a corrientes de agua, que da su fruto en su tiempo y cuya hoja no se marchita. Todo lo que hace prospera.*

Si las raíces malas de nuestra vida se basan en la mentira, las raíces buenas que Dios planta en nosotros se basan en la verdad.

Salmo 43:3 RVR1995 *Envía tu luz y tu verdad, que ellas me guíen. Que me lleven a tu monte santo y a tu tabernáculo.*

Chris Thorne
Abandonado por la Madre y acogido por 9 años

Dios ilumina la oscuridad en nuestros corazones - las mentiras que hemos creído que vienen del rechazo. Él nos muestra la verdad de Su palabra - que nos lleva a Su presencia. Esa es la base de una relación sana con Dios. Cuando esto sucede, afectará cada aspecto de nuestras vidas.

Testimonio: Buenas tardes, Pastor Greg. Quería enviarle un breve correo electrónico en nombre de mi iglesia para decirle lo agradecidos que estamos por la serie sobre el rechazo que usted enseñó. Me salvé cuando era adolescente, y durante muchos años, luché con sentimientos de no ser amado y una falta de aceptación, especialmente cuando visitaba algunas de las otras iglesias aquí en el Inglaterra. Cuando mencionó que la raíz de estos sentimientos era un espíritu de rechazo, ¡me di cuenta de que me estabas describiendo! Le dije a mi pastor que había estado viendo la serie en casa, y él decidió mostrarla a la Iglesia los domingos por la noche. Ha ayudado y bendecido mucho a la gente. Aquellos que normalmente no hablarían de sus luchas están empezando a compartirlas para encontrar la libertad. Muchas gracias por la serie.

Leebon Britoe
Mi Madre falleció

Oración: Al comenzar este libro, voy a orar ahora para que Dios te ayude mientras continúas leyendo o escuchando, y voy a pedirle a Dios que haga un milagro en ti.

Dios, cada persona que ha tomado el tiempo que están leyendo, están escuchando. O tal vez están viendo esto ahora mismo. Necesito que abras los ojos de su entendimiento. Dios, ellos van a ver cosas en este libro que abrirán sus ojos a cosas del pasado. Y te pido que los guíes a través de ese camino para que puedan encontrar sanidad. Dios, te pido que abras los ojos de su entendimiento. Que ellos tengan una visión correcta de quien Tú eres, y que Tú eres capaz de traer sanidad. Dios, te pido que uses este libro. Tócalos y trae un milagro de liberación en el nombre de Jesús. Amen.

Greg Mitchell
Oración - Capítulo 1

Capítulo 2 El Rechazo y El Hogar - Parte 1

El rabino Shmuley Boteach fue amigo de Michael Jackson durante varios años. Dijo: *"Creo que Michael vivía con un profundo miedo al rechazo"*. Dijo que Michael le dijo que *"Todo lo que he hecho en la búsqueda de la fama, en perfeccionar mi arte fue un esfuerzo para ser amado porque nunca me sentí amado"*. También dijo: *"Vivía para la aprobación y aceptación de mi padre"*.

El ejemplo de Michael Jackson muestra el profundo impacto que tiene el hogar en la formación de raíces de rechazo.

El Diseño de Dios para la Familia

Dios ha diseñado la <u>familia</u> para que sea el fundamento de las relaciones y la personalidad humanas.

La familia: El hogar debe ser un lugar de aceptación.

¿Has visto a padres que creen que su bebé es el niño más bonito del mundo? *(¡Incluso cuando claramente no lo es!)* ¡Eso es bueno! Dios hizo a los padres así, para que <u>valoraran</u> y <u>comunicaran</u> ese valor a su hijo.

Vemos a los niños pequeños correr hacia sus padres y aferrarse a ellos cuando están nerviosos o asustados. El niño no está seguro del extraño que tiene delante, pero instintivamente siente que uno de sus padres le acepta. El hogar es el punto de partida de la aceptación: *El principal lugar de aceptación en la vida.*

En un mundo perfecto, así debería ser una familia:

- Debería haber <u>ambos</u>, un Padre y una Madre.
  - El libro del Génesis (Principios) nos muestra el plan de Dios para la familia: El creó a Adán y Eva para que fueran los primeros padres: *¡Un hombre y una mujer biológicos!*
- Los padres deben <u>querer</u> al hijo que han creado.
- Los padres deben <u>criar</u> a sus hijos.
  - Criar a los hijos implica **Presencia** (estar ahí), **Provisión** (suministrar lo que se necesita en la vida) e **Instrucción** (enseñar lo que el niño necesita saber en la vida, en toda área).
- Los padres deben amar a los hijos *con palabras, afecto y acciones.*
- Los padres deben aceptar sus hijos incondicionalmente:
  - El amor no se basa en el desempeño. Por ejemplo: *"Te quiero si alcanzas. Te quiero si nunca cometes un error".*
  -

Cuando éstos están presentes en una familia sana - proporcionan cosas poderosas dentro de una persona:

- **Identidad:** *Quién eres.*
- **Confianza:** *La confianza es cómo te ves a ti mismo - basada en tu merito o tu valor.*
  - Los hijos que se crían en un ambiente sano en el hogar que transmite amor y aceptación suelen mostrar confianza en la vida.
- **Puntos de referencia:** *¿Qué se supone que debo hacer en la vida, qué se supone que debo ser?*
  - Aprendí a valorar a las mujeres, a mostrar amor a mi esposa y a tratar a la gente en la casa de mis padres.
- **Límites:** *¿Cuánto es demasiado en la vida? ¿Qué es un comportamiento inaceptable?*
  - Éstos deben aprenderse primero en casa..

Rechazo en el Hogar

El plan de amor y aceptación de Dios no es lo que muchas personas experimentan en sus vidas:

El hogar puede ser el lugar de los primeros rechazos de la vida y el lugar donde experimentamos los mayores rechazos de nuestra vida.

> *Salmo 27:10 NTV Aunque mi padre y mi madre me abandonen, el Señor me recibirá en sus brazos.*

La Biblia cuenta muchas historias de rechazo familiar: *Porque es muy común.*

- Jacob experimentó el rechazo de su Padre: *Prefirió descaradamente a su hermano antes que a él.*
- José fue rechazado por sus propios hermanos: *Su envidia los hizo trabajar contra él.*
- David fue rechazado por su Padre: *Cuando Dios dijo que uno de sus hijos seria el Rey, ni siquiera le pidió a David que estuviera allí; Él pensó que David sólo servía para cuidar ovejas - ¡no para liderar!*
- David fue rechazado por su hermano Eliab: *Su hermano dudaba de su capacidad y atacaba sus motivos de querer hacer algo bueno.*
- Jesús fue rechazado por su propia familia
  - *Juan 7:5 RVR1995 Ni aun sus hermanos creían en Él.*

CAPÍTULO 2 —— ENTENDIMIENTO 🔑 CLAVE

El hogar puede ser el lugar de los primeros rechazos de la vida y el lugar donde experimentamos los mayores rechazos de nuestra vida.

Veamos algunas de las muchas formas en que el rechazo puede llegar a nosotros en el hogar:

El rechazo viene de las circunstancias de nuestro nacimiento: *Por alguna razón, el nacimiento no fue deseado.*

- Esto puede deberse a un embarazo no deseado: *¡Por muchas razones!*
  - La edad de la madre cuando queda embarazada: *Siente que es demasiado joven o demasiado mayor.*
  - El niño es fruto de una aventura, un incesto o una violación.
  - El niño afectará negativamente a las finanzas o planes de vida de los padres.
    - *Las investigaciones han demostrado que el bebé siente en el vientre materno que no se le quiere.*
    - Decepción por el sexo del niño:
      - *uede que el padre diga que quería un niño, cuando el bebé es una niña.*
      - *O la madre dice "odio a los hombres" y el bebé es un niño.*

Puede haber rechazo heredado: *Los padres con una raíz de rechazo lo transmiten espiritual y literalmente.*

- Hay una transferencia espiritual de una maldición familiar: *Los espíritus malignos entran en los niños.*
- Los padres rechazados suelen recrear en sus hijos el mismo rechazo que ellos experimentaron.
  Te sugiero que tengas piedad de tus padres: ¡Porque ellos no sabían lo que hacían por también haber sido criados bajo el rechazo!

El rechazo viene por el abandono: *Un padre que abandona a sus hijos.*

Una crisis epidémica en nuestra sociedad son los hombres que no crían al hijo que han creado tras el embarazo.

Cada vez es más frecuente que los niños nunca sean criados por sus padres biológicos.

Muchas personas nunca han conocido a su padre biológico o ni siquiera saben quién es.

A veces, los padres huyen y abandonan a su familia en algún momento de la vida del niño.

- **Esto puede ser por el estrés:** Uno de los padres dice: "No puedo soportar el estrés del matrimonio y la crianza de los hijos, así que me voy para aliviarlo". Pero no tienen en cuenta el estrés que esto causa a los niños.
  -
- **Esto puede ser por el egoísmo:** Un padre que quiere vivir como si no tuviera responsabilidades a veces abandonará a sus hijos para poder jugar, salir de fiesta o seguir sus propios intereses egoístas.
-
- **Esto puede ser por una aventura:** La fantasía de una aventura sexual ilícita puede hacer que un padre pierda todo el sentido común y abandone a sus hijos para perseguir un romance de fantasía.

  2 Timoteo 3:3 RVR1995 (una marca de lo que la gente será en los últimos días) *sin afecto natural.*

- **Esto puede deberse al divorcio:** *Cada vez más en nuestro mundo, cuando las parejas tienen problemas en su matrimonio, no eligen solucionarlo - ¡eligen salirse!*

  La gran tragedia del divorcio es el daño que puede causar a los hijos.

Malaquías 2:16 RVR1995 *"Porque el Señor, Dios de Israel, dice que aborrece el divorcio, porque cubre de violencia sus vestiduras, dice el Señor de los ejércitos. Así que cuídense en su espíritu y no sean infieles".*

- **El divorcio causa un daño violento a la seguridad del niño.**
- **El divorcio causa un daño violento a la identidad del niño.**
- **El divorcio causa un daño violento a la provisión económica de un niño.**
- **El divorcio daña violentamente el sentido de la responsabilidad del niño.**
  - La trágica consecuencia del divorcio es que los hijos suelen interpretar el divorcio de sus padres como culpa suya: *"Si hubiera sido un mejor hijo o hija, mis padres no se hubieran divorciado. Se divorciaron porque no me querían".*

La escritora y directora Karen Moncrieff habla del efecto que tuvo en ella el divorcio de sus padres. *Dice: "Acabas buscando padres sustitutos que te aprueben".*

El rechazo viene a través de las adicciones de los padres: *Como el alcohol, las drogas, o la pornografía.*

- Un padre muy adicto puede estar tan absorbido por su adicción que no da a sus hijos el amor, el afecto, el tiempo y la atención que necesitan.
- Las adicciones crean inestabilidad en el hogar.
  - Inestabilidad financiera al perder el trabajo o gastar el sueldo en su adicción en lugar de pagar las cuentas para mantener a su familia.
  - Inestabilidad relacional cuando los padres se pelean por los efectos de la adicción.
- Las adicciones transmiten a los niños el mensaje de que la droga, el alcohol o la pornografía tienen más valor que su hijo.

Leí sobre un cantante de rap que describió su infancia: *"Mi padre drogadicto decía que iba a buscarme para pasar tiempo conmigo, pero luego no venía - él era viciado a las drogas. ÉL PREFIRIÓ LAS DROGAS ANTES QUE A MÍ - ¡AMABA LAS DROGAS MÁS QUE A MÍ!*

El rechazo viene a través del abuso: *El abuso puede ser violencia física, abuso verbal o abuso sexual.*

- El abuso puede producirse cuando las personas pierden el control debido al alcohol o las drogas.
  - Algunas personas me han contado que, mientras crecían, sus padres les trataban bien cuando estaban sobrios, pero cuando estaban borrachos o drogados se volvían violentos y abusivos.
    - Esos niños carecen de seguridad en la vida. Su mundo puede ponerse patas arriba en un momento.
- Lamentablemente, algunas personas retorcidas disfrutan hacerle daño a los niños. Eso es inconcebible.
- El abuso es un ataque a tu sentido del valor:
    Un niño piensa: "No debo ser bueno si me tratan así".
    El abuso sexual transmite un mensaje falso y retorcido de tu valor: *Que de alguna manera sólo sirves para el sexo.*
    Si crees esa mentira, llegas a creer la mentira **de que mi identidad es la sexualidad.**

El rechazo viene de palabras duras: *Las palabras duras son un desbordamiento de lo que está pasando en la vida de sus padres.*

- Algunas palabras duras son una reacción ante los errores o la falta de desempeño de un niño:
  - *¿De qué sirves? Eres un estúpido. No vales nada.*
    - Puede que un padre reaccione así <u>porque</u> carece de autoestima. Quieren que el niño rinda bien (o a la perfección) porque así ellos se <u>sentirán</u> valorados.

- Algunas palabras duras son una reacción a su propia frustración y dolor en la vida.
  - *Te odio. Nunca te quise. Ojalá nunca hubieras nacido. Ojalá te hubiera abortado.*
    - Intentaba comprender por qué un hombre parecía odiarse a sí mismo y no podía recibir amor. Le pregunté: *"¿Dónde empezó esto?".* Me dijo: *"Cuando era joven, mi madre me decía cuánto me odiaba y deseaba que nunca hubiera nacido. Lo hacía mientras amenazaba con matar a todos sus hijos y a ella misma".*

El rechazo se produce al negar el amor:

El amor debe expresarse con palabras de cariño, aceptación y aprobación. Por desgracia, algunas personas nunca han oído esas palabras de sus padres.

El amor debe expresarse de forma no sexual y física:

Lucas 15:20 NVS *Así que el hijo se marchó y fue a ver a su padre. "Cuando aún estaba lejos, su padre lo vio y se compadeció de su hijo. El padre corrió hacia él, lo abrazó y lo besó.*

Muchos padres no demuestran físicamente el amor que sienten por sus hijos.

Se trata de una necesidad que Dios ha dado a las personas: Recibir amor de forma no sexual y física, como un abrazo, un beso o una palmadita en la espalda. Cuando esto falta, los niños son vulnerables a la primera persona que exprese amor y afecto a través del contacto físico. Desgraciadamente, esto suele ser sexual y crea muchos problemas.

El rechazo viene por la incapacidad de mostrar atención o dedicar tiempo:

- No están maltratando activamente a su hijo, simplemente no le prestan la atención que requiere su amor.
  - Numerosas personas me han descrito a un padre que: *"Simplemente estaba ahí".*
  - Nunca hablaban con sus hijos ni interactuaban con ellos.
- El mensaje que transmite la falta de atención es: *"No vales ni mi tiempo ni mi atención".*

El rechazo viene de padres exigentes o difíciles de complacer:

- El amor de algunos padres se basa en el desempeño.
- Ellos dicen: Te amaré y aceptaré <u>si</u> haces lo correcto. <u>Si</u> ganas. <u>Si</u> tienes éxito.
  - Pero esto es un gran problema: No siempre hacemos lo correcto, o ganamos o tenemos éxito... ¿y entonces qué?
  - Algunos niños nunca hacen lo suficiente para complacer a sus padres.
    - Tienen un nivel de exigencia ridículo: *Casi quieren la perfección.*
    - Leí sobre un joven que quedó en segundo lugar en una competencia de atletismo a nivel estatal. Es todo un logro, pero después su padre le dijo: "¿Qué se siente ser el primer perdedor?".

El rechazo viene a través del favoritismo:

- Describe cuando un padre prefiere descaradamente a un hermano:
  - Pueden decir: "¿Por qué no puedes ser como tu hermana? ¿Por qué no puedes ser como tu hermano?".

- Jacob y Esaú experimentaron el caos en el hogar porque cada padre (Isaac y Rebeca) tenía un favorito. Isaac prefería a Esaú y Rebeca prefería a Jacob.
- Los padres pueden incluso provocar activamente la rivalidad y la competencia entre hermanos.
  - Creen erróneamente que ayudará a los niños a tener éxito y a salir adelante en la vida.

Todas estas experiencias en el hogar producen rechazo: *No valorar o no dar valor.*

- El rechazo puede definirse como una profunda sensación de no ser querido.
  - *La palabra rechazo significa ser desechado y menospreciado como si no tuviera valor.*

- El rechazo nos transmite el mensaje: *No tenemos valor. No encajamos. No estamos a la altura. Hay algo mal con nosotros.*

Las Mentiras del Rechazo

El mayor peligro del rechazo es que el rechazo nos dice mentiras.

- La mayor estrategia del Diablo es hacernos creer mentiras.

*Juan 8:44 NVI Ustedes son de su padre el diablo, cuyos deseos quieren cumplir. Desde el principio este ha sido un asesino, y no se mantiene en la verdad, porque no hay verdad en él. **Cuando miente, habla su lengua materna, porque es un mentiroso y el padre de la mentira.***

¡La vida de Eva cambió para siempre cuando creyó las mentiras que le dijo la serpiente!

Mira algunas de las mentiras que el rechazo nos hace creer:

- **No vales nada**: *Obviamente no valgo nada si la gente me trata así.*
- **Es tu culpa:** *Tus padres te abandonaron. Tus padres se divorciaron. Fuiste abusado.*
Si fueras un niño mejor, no hubieran hecho eso.
La gente vive con un sentimiento generalizado de culpa: *No merezco nada bueno. Merezco cosas malas.*

Mi esposa y yo conocimos a un hombre que obviamente sufría este tipo de culpa. Trabajaba mucho y sus ingresos le permitían comprar la ropa o los lentes de sol que quería o necesitaba. Pero, de vez en cuando, sus compañeros de piso se encontraban con que había tirado toda la ropa o los lentes de sol a la basura porque se sentía culpable de tener algo bueno. Tenían que rescatar sus cosas del basurero.

- **Tu valor se basa en el desempeño:** *Sólo merezco amor si actúo bien o hago lo correcto.*
- **Tienes que ser perfecto:** *Sólo puedo evitar que la gente vuelva a rechazarme si soy perfecto.*
- **Todo el mundo te rechazará como hicieron tus padres:** *¡Esa es una mentira basada en el miedo!*

CAPÍTULO 2 —— ENTENDIMIENTO 🔑 CLAVE

El mayor peligro del rechazo es que el rechazo nos dice mentiras.

El resultado principal del rechazo es la incapacidad de recibir o comunicar amor.

Relaciones humanas:

- Algunas personas tienen dificultades para comunicarse debido al rechazo que han experimentado.
    - Les cuesta decir a sus seres queridos lo que sienten por ellos.
        > Sienten amor por los demás, pero les cuesta decirlo.
    - Creen que nunca debes dejar que la gente sepa lo que te pasa:
        > *Creen que la gente podría rechazarlos si supieran que tienen problemas.*
- Algunas personas luchan contra el afecto debido al rechazo que han experimentado.
    - Recibir afecto: *¡No me toques! Es sexual.*
    - Dar afecto: Se sienten incómodos dando un abrazo, una palmada en la espalda, un beso.
        > En nuestra familia, el afecto era tan normal como respirar. Lo decimos, lo demostramos. Mi esposa no fue criada así. Tuvo que adaptarse y acostumbrarse a dar y recibir afecto.
    - Regalos: No les gusta recibir regalos. Piensan, *No quiero sentir que te debo algo.*

Relación con Dios: Lamentablemente, transferimos los sentimientos que tenemos hacia nuestros padres a Dios.

- Para las personas muy rechazadas, cuando se salvan, oyen que Dios es un Padre.
    > Pero para ellos, eso no es una buenas noticia: *¿Quieres decir igual que mi padre frío, abusivo y que me abandonó?*
- Lo contrario del amor no es el odio: es el <u>temor</u>:

1 Juan 4:18 RVR1995 *En el amor no hay temor, sino que el amor perfecto echa fuera el temor, porque el temor acarrea tormento. Pero el que teme no ha sido perfeccionado en el amor.*

- La gente puede ser salva, pero viven con miedo en su relación con Dios.
  - Tengo miedo de que no pueda confiar en Dios: *Él me defraudará, como mis padres.*
  - Tengo miedo de no estar a la altura de los ojos de Dios: *Puede que me abandone cuando vea cómo soy.*
    - Tengo que <u>esforzarme</u> para merecer o ganar el amor de Dios.

En la historia de Jesús del hijo pródigo en Lucas 15. El Hermano Mayor luchaba con sentimientos de rechazo en el hogar. Se sentía rechazado por su padre.

Lucas 15:29-30 NVI *Pero él respondió a su padre: "¡Mira! Todos estos años he trabajado como un esclavo para ti y nunca he desobedecido tus órdenes. Sin embargo, nunca me diste ni siquiera un cabrito para que pudiera celebrar con mis amigos. 30Pero cuando llega a casa ese hijo tuyo que ha desperdiciado tus bienes con prostitutas, ¡y tú mandas matar en su honor el ternero más gordo!'*

Hay demasiados Cristianos Hermanos Mayores. Están haciendo las acciones correctas, pero su motivación al hacerlas es para que el Padre los ame. La tragedia es que están tratando de ganar algo que siempre ha sido suyo.

Lucas 15:31 NVI *Hijo mío, le dijo el padre, tú estás siempre conmigo, y todo lo que tengo es tuyo.*

¡Todo ha sido siempre tuyo! ¡Siempre has tenido una herencia maravillosa en la casa de tu padre! La tragedia es que los cristianos rechazados, hermanos mayores, ¡están tratando de ganar algo que siempre ha sido de ellos!

CAPÍTULO 2 — ENTENDIMIENTO CLAVE

El resultado principal del rechazo es la incapacidad de recibir o comunicar amor.

Testimonio: Cuando el pastor Greg anunció que comenzaría una serie de Escuela Dominical sobre el rechazo, recuerdo que pensé que esto no se aplicaría a mí. Como crecí con ambos padres y en un hogar estable, cristiano y en un ambiente amoroso, supuse que el rechazo no podría haber influido en mi vida. Sin embargo, en las lecciones, el pastor Greg describió indicadores muy claros de cómo el rechazo influye en una vida. Me sorprendí a mí mismo al decir: "Un momento, eso es lo que yo hago; así es como yo pienso". Rápidamente descubrí que el rechazo no tiene que ser flagrante para que uno lo experimente. Basta con aceptar las mentiras de Satanás para cultivar raíces de rechazo.

Pasé años de mi vida buscando la aceptación del sexo opuesto. Esto me llevó a patrones de comportamiento destructivos. Tenía que saber: ¿Les gusto, les parezco atractivo, me desean? Si una chica guapa me aceptaba, me gustaba o me mostraba atención, mi sentimiento de autoestima quedaba validado, pero sólo por un tiempo.

Cuando era niño me gustaba una chica. Aunque solo tenía unos nueve años, hice todo lo posible para ganarme su atención: regalos, canciones, cartas y palabras amables. Al final me dijo que la dejara en paz porque su hermano mayor se burlaba de ella. Esto no sólo me produjo vergüenza y tristeza temporales, sino que su rechazo afectó a la visión que tenía de mí mismo. ¿Por qué no le gustaba? ¿Qué tenía de malo? Su pedido inocente de que la dejara en paz no era un reflejo de mi masculinidad, mi aspecto o mi atractivo. Éramos sólo unos niños, pero fue un mensaje que me quedó grabado.

A medida que fui creciendo, desarrollé un deseo no saludable de ser aceptado por las mujeres. Esto no terminó en la fase del noviazgo. Me acompañó hasta el matrimonio. Ansiaba la atención y la aceptación de las mujeres y nunca entendí el por qué esto era tan importante para mí. No necesité un terapeuta ni reconciliarme con mi enamoramiento de la infancia; necesitaba librarme del rechazo y acabar con la mentira. No atribuyo todo mi rechazo a este acontecimiento de la infancia. Hubo muchos otros acontecimientos en mi vida que dañaron mi autoestima y mi visión de las mujeres. Sin embargo, en la infancia somos muy impresionables, y el enemigo no pierde tiempo en plantar semillas de rechazo que pueden afectarnos toda la vida si no las identificamos y desarraigamos. Agradezco tanto haber encontrado sanidad en esta área de mi vida y en otras. Desarraigando el rechazo corrigió la forma en que veía a las mujeres y a mí mismo.

Leebon Britoe
La tia nos puso eso

Oración: Ahora que terminaste este capítulo sobre el rechazo en el hogar, quiero orar por ti para que Dios te ayude en este proceso de sanidad del rechazo que ha venido a través de tus eventos en el hogar.

Dios, yo oro que Tú vas a ayudar a la gente. Te pido que abras sus ojos. Hay eventos que sucedieron en sus hogares que han implantado raíces de rechazo. Algunas de estas cosas son muy dolorosas para ellos. Necesito que incluso ahora comiences a aplicar el aceite sanador del Espíritu Santo en los corazones quebrantados. Te lo pido ahora. Dios, Tú vas a comenzar ese proceso de arrancar esas raíces de sus corazones. Trae sanidad y liberación a medida que continúan a través del libro. Permíteles encontrar un milagro de sanidad e identidad en Ti, Dios, y comienza a hacerlo ahora mismo en el nombre de Jesucristo. Te agradezco. Amén.

Greg Mitchell
Oración – Capítulo 2

Capítulo 3 El Rechazo y El Hogar - Parte 2

La Infección del Rechazo

En 1906, Mary Mallon consiguió trabajo como cocinera en casa de una familia adinerada de Nueva York. Ella acompañó a la familia cuando alquilaron una casa para pasar el verano. Ese verano, seis de las once personas de la casa contrajeron la fiebre tifoidea. Tras una investigación, las autoridades descubrieron que Mary era portadora asintomática de la bacteria que causa la fiebre tifoidea. Los investigadores descubrieron que había trabajado para doce familias diferentes y que todas ellas habían tenido brotes de fiebre tifoidea durante su empleo. Ciento veintidós personas en total se infectaron por contacto con ella, y cinco murieron. La prensa la apodó "María la Tifoidea". Llevaba una enfermedad mortal en su cuerpo y la transmitía sin saberlo a las casas donde vivía y trabajaba.

Este es el caso con el Espíritu del Rechazo: Aquellos que han sufrido rechazo de diversas maneras se convierten en portadores de ese Espíritu - y lo transmiten a otros en sus hogares. Hay tres razones para esta transmisión espiritual poco saludable:

Una maldición hereditaria: Los espíritus malignos entran en las familias y se transmiten a los hijos.

> *Éxodo 34:7 RVR1995 ... castigando la maldad de los padres sobre los hijos y los hijos de los hijos hasta la tercera y la cuarta generación".*

Esto habla de una influencia sobrenatural maligna: *No se ve, pero tiene efecto*. La gente reproduce los rasgos negativos de su familia - ¡aunque los odien! Estos espíritus impulsan a la gente a actuar de maneras no saludables. El rechazo es así: Un espíritu transferido a nosotros nos impulsa a actuar de maneras no saludables. Desafortunadamente, las personas que reciben este espíritu son nuestras familias.

Un ejemplo establecido: *Gran parte de los comportamientos no saludables se aprenden con el ejemplo.*

En la Biblia, vemos que Isaac utilizó el engaño para salvarse a sí mismo, a costa de su esposa. Pero eso es lo que vio hacer a su padre Abraham: *Lo aprendió con el ejemplo.* El rechazo hace que los padres traten a los demás de forma incorrecta. *Pero eso enseña a los hijos a cómo actuar.* Un hombre cuenta su experiencia al crecer: Cada vez que sus padres discutían, uno de ellos tomaba un plato y lo rompía. Más tarde, cuando se casó, él y su mujer tuvieron su primera discusión, y él tomó un plato y lo rompió. Se dio cuenta: "*¡Yo hice eso, igual que mis padres!*".

Emociones que controlan: *Las personas actúan en función de sus emociones.*

El rechazo produce emociones negativas, *y esas emociones hacen que actuemos de forma incorrecta. Las* personas enojadas suelen causar dolor a los demás. Las personas que sienten una falta de valor luchan contra cualquier insulto percibido a su valor.

Rechazo Funcionando en el Hogar

El peligro del rechazo es que el dolor del pasado puede hacerse presente en nuestro hogar y en nuestra familia. Observa algunas de las formas en que el dolor se manifiesta en el hogar.

Enojo y resentimiento: El rechazo y las violaciones causan dolor emocional, y el dolor produce enojo.

Hebreos 12:15 NVI Mirad bien, para que ninguno deje de alcanzar la gracia de Dios, y para que no brote ninguna raíz de amargura que os perturbe y contamine a muchos.

La palabra "amargura" significa algo afilado, algo que te pincha y causa dolor. El rechazo causa un dolor que sigue doliendo, años después de que el evento del rechazo haya pasado. He visto a gente llorar por hechos que ocurrieron hace muchos años.

La palabra 'contaminar' significa manchar o arruinar. El texto dice que la amargura 'contamina a muchos'. Otras personas sienten los efectos de tu amargura. *¿Es posible que estés enojado con alguien del pasado y te desquites con la gente del presente?*

2 Samuel 6:16 NVI *Cuando el arca del SEÑOR llegó a la ciudad de David, Mical, hija de Saúl, miró por una ventana y vio al rey David que saltaba y danzaba ante el SEÑOR; y lo despreció en su corazón.*

El padre de Mical la maltrató intentando matar a su marido: *La acusó de deslealtad.* Pero entonces ella miró mal a su marido David y lo maltrató. *Su dolor distorsionó su visión y la motivó a causar dolor a su marido.*

Un Pastor me habló de un joven de su iglesia que constantemente tenía conflictos con varias personas de la iglesia. Lo llevó a la oficina para tratar de hablar con él al respecto. De repente, el hombre empezó a gritar enojado con el pastor, se levantó de un salto y salió corriendo del despacho. El pastor estaba a punto de ir tras el hombre, cuando Dios le habló y le dijo: *"No vayas tras él. No está hablando contigo. Está hablando con su padre".*

CAPÍTULO 3 — **ENTENDIMIENTO** ⚷ **CLAVE**

¿Es posible que estés enojado con alguien del pasado y te desquites con la gente del presente?

Interpretación: Cuando algo está dañado dentro de nosotros, afecta el cómo <u>vemos</u> las cosas.

Tito 1:15 NTV *Todo es puro para los de corazón puro. En cambio, para los corruptos e incrédulos nada es puro, porque tienen la mente y la conciencia corrompidas.*

Cuando el rechazo toma raíz, vemos y oímos las cosas de forma incorrecta: *Con un mensaje falso. Vemos* y oímos todo con el mensaje de mérito o valor, incluso cuando no tiene nada que ver con nuestro mérito o valor.

Una esposa puede hacerle a su marido una pregunta sencilla: "*¿Por qué no has sacado la basura?*" Pero el marido responde: "*¡Dices que soy un estúpido!*". Ella hizo una pregunta simple sobre la basura. Pero lo que él <u>oyó</u> fue un ataque a su <u>inteligencia</u>, ¡un ataque a su <u>valor</u>! El marido malinterpreta sus palabras debido a un espíritu de rechazo en él. Este problema de interpretación se da en muchos conflictos matrimoniales. Uno de los cónyuges le dice al otro algo que le molesta. "*No me gusta cuando me dices eso, o Me duele cuando haces eso*". Eso es información. Pero, a menudo, la respuesta del otro cónyuge es: "*¡Entonces me odias!*".

El resultado es que muchas parejas no se pelean por <u>problemas</u>, sino por <u>sentimientos</u>, y esos sentimientos se basan en mentiras que nos ha transmitido el rechazo.

Re-creación: Sin Dios - la gente tiende a reproducir su pasado.

El viejo dicho es cierto: Gente herida - hiere gente. Las personas maltratadas pueden volverse maltratadoras. Las personas que han sido dañadas por palabras de odio tienden a transmitirlo a su cónyuge y a sus hijos.

Las personas criadas con frialdad y falta de comunicación tienden a reproducir eso.

Génesis 4:23-24 RVR1995 Lamec dijo a sus mujeres: "Ada y Zila, escuchen bien; mujeres de Lamec, escuchen mis palabras. He matado a un hombre por herirme, a un joven por golpearme. ²⁴Si Caín es vengado siete veces, Lamec lo será setenta y siete veces".

Corrección Sin Equilibrio

Es un simple hecho de la paternidad es que los niños necesitan corrección. Ellos harán el mal, porque la Biblia dice en ***Proverbios***

22:15 RVR1995 *La necedad está ligada al corazón del muchacho...* eso es un hecho.

La solución a la necedad es la corrección (algunas traducciones dicen disciplina):

> **Proverbios 22:15 NVS** *Todo muchacho está lleno de necedad, pero el castigo puede quitársela.*

El problema es cuando los padres que hacen la corrección o la disciplina sufren los efectos del rechazo y además, un espíritu de rechazo los impulsa. Ellos malinterpretarán el mal comportamiento de sus hijos, lo que causa que ellos vean o administren la corrección sin equilibrio.

Los padres que fueron rechazados pueden ver la corrección a través del lente de la autoestima: *¡Me haces quedar mal!* Se preocupan por el comportamiento del niño <u>sobre todo</u> porque les preocupa cómo <u>les</u> verán los demás. Si tú ves a tu hijo de esta manera, es posible que seas excesivo en la corrección. Veo a padres que insisten en que su hijo no mueva un músculo ni respire. *Pero son niños, no robots.* Mi pregunta a esos padres es: "*¿Lo haces por el <u>niño</u> - o lo haces por <u>ti</u>?*".

Los padres que fueron rechazados también pueden aportar corrección sin esperanza. Los padres que ven el comportamiento de sus hijos como un voto sobre su autoestima tienden a ser así. Cuando su hijo hace algo mal, se sorprenden. *¿Cómo es posible?* (¡Porque son humanos!) Por lo tanto, dan corrección sin esperanza:
• Se niegan a hablar con su hijo durante días o semanas.
• Les recuerdan su fracaso una y otra vez.
Dependiendo de la gravedad de la violación o del pecado del niño, he conocido a padres que cortan por completo la relación con su hijo, ¡y nunca vuelven a tener una relación!

Esto es cierto para los padres cristianos que tienen hijos resbalados. Un hijo que escoge dejar a Dios y volverse al pecado es desgarrador en muchos niveles. Lo sé por experiencia personal. Uno se aflige por el potencial perdido. Te preocupas por el daño potencial. Te preocupas por su alma en la eternidad.

Pero cuando añades a esto tu propio rechazo, tú haces la situación difícil, aún mucho más dura de lo que debería ser. Haces que el pecado del niño tenga que ver con tu valor. *¿Qué pensará la gente de nosotros? Has avergonzado a la familia.*

He intentado dar un equilibrio a padres afligidos: Les pregunto: *"No les enseñaste a pecar, no les dijiste que pecaran, ni les dijiste que estaba bien pecar, ¿verdad?"*. Me responden que no. *"Entonces, ¿por qué haces que su pecado sea tu culpa o tu vergüenza?* Esa es una visión desequilibrada.

Esperanza Para el Hogar

Permítanme darles una buena noticia a cualquiera que sienta el daño del rechazo: **No estás condenado por tu pasado.** Es un error pensar que, por haber sido rechazado, nunca podrás superarlo, o que de algún modo serás menos que los demás.

1 Crónicas 4:9-10 NVI Jabes fue más ilustre que sus hermanos, al cual su madre llamó Jabes, diciendo: Por cuanto lo di a luz con dolor. 10 Invocó Jabes al Dios de Israel diciendo: Te ruego que me des tu bendición, que ensanches mi territorio, que tu mano esté conmigo y que me libres del mal, para que no me dañe. Y Dios le concedió lo que pedía.

Jabes no miró a la gente para superar el dolor de su pasado: *Él lo llevó a Dios.*

CAPÍTULO 3 — **ENTENDIMIENTO CLAVE**

No estás condenado por tu pasado.

La respuesta al rechazo no son las personas, ¡Es Dios!

Algunas personas piensan: *Si pudiera encontrar a las personas que me rechazaron, hacer que se disculpen, conseguir que me digan que me quieren... ¡esto me arreglaría!* Pero eso no es cierto.

Salmo 27:10 NTV Aunque mi padre y mi madre me abandonen, el SEÑOR me recibirá en sus brazos

Sólo Dios puede curar las heridas del rechazo.

Mateo 12:13 RVR1995 Entonces dijo al hombre: "Extiende tu mano". Y él la extendió, y fue restaurada sana como la otra.

Su mano fue sanada: *Sanada y funcionando como Dios quería.* Dios no sólo puede hacer eso con los cuerpos físicos, Él también puede sanar nuestros corazones: *Sanados y funcionando como Dios quiere.*

Sanando Tu Hogar

Debemos asegurarnos de romper la maldición del rechazo en nuestros propios hogares. Esta es una parte poderosa de la salvación: **¡Romper las maldiciones demoníacas que actúan en las familias!**

Gálatas 3:13-14 NVI Cristo nos redimió de la maldición de la Ley, haciéndose maldición por nosotros (pues está escrito: Maldito todo el que es colgado en un madero), 14 Él nos redimió para que en Cristo Jesús la bendición de Abraham llegara a los gentiles, a fin de que por la fe recibiéramos la promesa del Espíritu.

Rompes la maldición sobrenaturalmente:

Primero reconocemos una maldición en nuestra familia. El viejo refrán es cierto: *El Diablo expuesto es el Diablo vencido.*

Entonces oramos: *Expulsamos a los espíritus que nos atormentan - y cerramos la puerta.*

Rompes la maldición con decisiones personales: *¡No voy a transmitir a mi familia lo que maldijo mi vida!*

Esa es la historia de mis padres: *Papá nació en la pobreza. A los cinco años de edad, su madre huyó con otro hombre, dejando cinco hijos. Él fue criado por su padre, que trabajaba muchas horas y tenía problemas de adicción. Mi abuelo tuvo un ataque al corazón y murió en los brazos de mi padre. Se fue a vivir con su madre, que antes había abandonado a los niños, pero no le fue bien. Intentó vivir con su hermana y su marido, pero tampoco le fue bien. Se mudó a Prescott y consiguió trabajo en un hotel que le daba una habitación, así tenía un lugar donde vivir. Vivió solo en el hotel durante su último año de la secundaria. Mi madre tuvo una relación distante con su padre. Cuando mis padres se casaron, podrían habernos transmitido a nosotros, el mismo rechazo que ellos experimentaron. ¡PERO ELLOS ROMPIERON LA MALDICIÓN! Decidieron que no iban a vivir así. Nosotros fuimos criados con amor, afecto, afirmación y aceptación. Por la forma en que nos criaron, nunca sabríamos que habían sufrido rechazo.*

WAYMAN MITCHELL Y SUS HERMANOS

NELDA MITCHELL CON SU PAPÁ

Procura criar a los hijos con bendición, en lugar de maldecirlos con rechazo:

Habla palabras de valor: Proverbios 18:21 NVI En la lengua hay poder de vida y muerte; quienes la aman comerán de su fruto.

El poder viene a través de lo que se comunica. El amor y la aceptación deben hablarse en voz alta, y deben comunicarse a nuestros hijos. El silencio también habla, pero a menudo no es lo que queremos transmitir. No te quiero. No te valoro. Yo no te acepto. Necesitamos oír que se nos valora

Mateo 3:17 NVI Y una voz del cielo dijo: "Este es mi Hijo, a quien amo; en él tengo complacencia".

Los niños necesitan oír a sus padres decirles palabras como: Te quiero. Estoy orgulloso de ti. Has hecho un buen trabajo. Me alegro de que seas mi hijo, o me alegro de que seas mi hija. Me haces feliz por ser mío. Siempre te voy a querer.

En la Biblia, padres como Isaac y Jacob bendecían a sus hijos. La palabra bendecir significa inclinarse o arrodillarse: Das mucha importancia a la persona que bendices.

Declara palabras de bendición futura: Las palabras dan una imagen de esperanza y buen futuro.

NELDA MITCHELL

WAYMAN Y GREG MITCHELL

FAMILIA MITCHELL - 1972

Génesis 49:8 RVR1995 Judá te alabarán tus hermanos; tu mano estará sobre el cuello de tus enemigos; los hijos de tu padre se inclinarán ante ti.

Los padres pueden decir cosas a sus hijos, como: Vas a tener un buen futuro. Dios te va a ayudar. Algún día ayudarás a la gente. La gente suele cumplir las expectativas de otros, así que ¿por qué no dar expectativas de cosas buenas?

Dar un toque significativo: El amor y el afecto implican caricias. No se trata de caricias sexuales.

El contacto humano es crucial: La gente lo necesita. Un periodista entrevistó a Marilyn Monroe. Sabiendo que había pasado de un hogar de acogida a otro, le preguntó si alguna vez se había sentido querida por alguna de las familias. Con lágrimas en los ojos, respondió: "Una vez, cuando tenía 7 u 8 años. La mujer con la que vivía se estaba maquillando mientras yo miraba. Estaba de buen humor, así que se acercó y me acarició las mejillas. En ese momento, me sentí querida por ella".

Génesis 48:10 RVR1995 Y los ojos de Israel estaban debilitados por la edad, de modo que no podía ver. Los acercó a él, los besó y los abrazó.

Los niños necesitan abrazos, besos, palmadas en la espalda, tomar la mano, palmaditas en la cabeza, etc. ¡No dejes que un chico o una chica de la calle sean los primeros en su vida en mostrarles afecto!

Equilibrando la corrección y el afecto: ¡Los niños se equivocan! *Incluso tu ángel.*

Relaciona tu corrección con su conducta, no con su valor: Cuando tengas que corregirles, diles lo qué hicieron mal: *Te estoy castigando por eso o te estoy corrigiendo por eso.* **La corrección se basa simplemente en el problema.** *No escupas en la comida de tu hermana. No uses el sofá como trampolín...* No debería ser: *¡Estúpido, idiota! ¿Qué clase de imbécil escupe en la comida de la gente? ¡Ojalá nunca te hubiera tenido!*

Equilibra tu corrección: Después de la corrección, habrá emociones (lágrimas), pero entonces muestra afecto a tu hijo y exprésale tu amor por ellos. En mi casa, se nos permitía llorar por un tiempo después de ser corregidos. Entonces mi padre o mi madre decían: *"¡Vale, ya basta!".* Entonces nos abrazaban y nos decían: *"Te quiero".*

No relaciones tu valor como ser humano con el comportamiento de sus hijos. Los niños harán cosas malas - porque ***Proverbios 22:15 RVR1995*** *La necedad está ligada al corazón del muchacho.* Aunque sean los padres perfectos, aun así ellos harán cosas malas. Si los estás entrenando, corrigiendo, y dando un buen ejemplo - su comportamiento no es un reflejo de tu valor.

Por favor, no le eches en cara la ofensa: Trátalos con normalidad una vez terminada la corrección. No te niegues a hablarles ni les recuerdes la ofensa repetidamente durante horas, días o semanas.

Tuvimos un hombre en el staff de la iglesia llamado Josh Neal en Prescott como director de conciertos. Inicialmente fue salvo en otra iglesia donde su Pastor era abusivo y cruel. Le fue bien, y enviamos a los Neals a pastorear a Blythe, CA. Poco antes de Josh irse, le pregunte cual fue la diferencia de estar en nuestra iglesia a la iglesia donde él se salvó. Me dijo, *"Cuando estaba en el staff, si cometía un error, usted me decía lo que había hecho mal y me reprendía. Luego, minutos después, me trataba con total normalidad. No me lo echaba en cara ni seguía castigándome por lo que había hecho mal".* Dijo que si cometía un error en su iglesia original, el pastor no le hablaba durante días o semanas.

Por desgracia, así es como algunos padres tratan a sus hijos cuando los corrigen. Eso es un error. Están cambiando el mensaje de **"hiciste algo mal"** a **"eres malo"**. El primer enfoque (hiciste algo mal) corrige el comportamiento y lo prepara para toda la vida. El segundo enfoque (eres malo) marca al niño cambiando su visión de sí mismo, a veces de por vida.

Testimonio: Cuando mi madre estaba embarazada de mí, su quinto hijo, su matrimonio con mi padre era difícil, y en el octavo mes de embarazo descubrió que la engañaba con su propia hermana. Cuando yo nací, se había vuelto loca y sufrió un colapso mental. Prácticamente desde que nací, no fui considerada importante ni una prioridad para mis padres y su mundo en ruinas.

No recuerdo que me dijeran que me amaban ni que recibiera nada positivo de mis padres. La frase de mi padre era: "¡Mejor ocúpate sólo de ti porque nadie más lo va a hacer!". Esto me dio el mensaje de que estaba sola. Mis padres se separaron cuando yo tenía cinco años. Tengo recuerdos de estar a veces con mi padre y a veces con mi madre, pero los hermanos pequeños sólo tenemos recuerdos de mi hermana cuidándonos. Ella estaba en su propio infierno, y no recuerdo que nunca se mostrara afectuosa o cariñosa conmigo. Contra los deseos de mi padre, fui a ver a mi madre cuando tenía dieciséis años, porque a esas alturas ya tenía mis propios recursos. Cuando lo llamé por teléfono para volver a casa su respuesta fue: "Es mejor que no lo hagas". Su respuesta me hizo llorar mientras colgaba el teléfono, y mi madre me preguntó qué me pasaba. Cuando oyó lo que dijo, su respuesta fue: "¡Pues aquí no puedes quedarte!".

No mucho después de esto, después de decidir que nunca volvería a hablar con mi madre, le entregué mi vida a Jesús. Lo que más me atrajo fue que Él me amaba tanto y que era incondicional. Tan impactada como estaba por Su amor, arrastré mi rechazo conmigo en mi matrimonio, en las iglesias que pastoreamos y cuando fui al extranjero como esposa de misionero. Me resultaba muy fácil decirles a los demás que Jesús los amaba tanto y, en el fondo de mi corazón, realmente lo creía.

Pero no podía creer profundamente que Dios me amara de verdad.

Cuando el Pastor Greg hizo la serie sobre "Desarraigando el Rechazo," me sorprendió que esos sentimientos arraigados profundamente, las creencias a través de las cuales filtraba cada parte de mi vida, todavía estaban allí. Fue sólo después de pasar por todo el estudio que Dios realmente me liberó, y puedo creer honestamente que Él me ama y me acepta.

Leebon Britoe
Me sentí tan solo y enojado

Oración: A medida que avanzas en el libro, ahora quiero orar por algunos asuntos específicos en el hogar para que Dios te ayude. Dios, hay personas mientras leen o escuchan - Dios, estos asuntos les han revelado que tienen un corazón quebrantado. Dios, Tú dijiste que Tú sanas a los quebrantados de corazón. Necesito que Tú sanes el dolor en el corazón. Te pido que hagas un milagro ahora mismo. Dios, hay padres; tienen hijos - dales la sabiduría, la gracia y el amor, Dios, para que sean capaces de mostrar amor y aceptación con sus propios hijos. Dios derrumba las barreras de comunicación que han surgido en el hogar. Te pido que ayudes a los padres a comunicarse efectivamente con sus hijos, ayuda a los hijos a comunicarse efectivamente con sus padres. Señor Dios, es Tu voluntad que nuestros hogares sean bendecidos, y estoy declarando una bendición sobre sus hogares. A partir de este momento Tú vas a comenzar ese proceso. En el nombre de Jesucristo, Te doy gracias por eso. Amén

Greg Mitchell
Oración - Capítulo 3

Capítulo 4 Las Reacciones al Rechazo

John Trent cuenta una poderosa historia en el libro "La Bendición". Habla de un hombre llamado Brian que fue criado por un padre frío y exigente. Su padre era un oficial de la Marina de carrera, y trató de inculcar en Brian la disciplina y la resistencia que él sentía que Brian necesitaría para seguir sus pasos como oficial de la Marina. Brian llevaba toda la vida buscando la aceptación y la aprobación de su padre, pero siempre le parecía inalcanzable. Si él ganaba en los deportes o le iba bien en clase, sólo recibía un sermón sobre cómo podría haberlo hecho mejor. Al final se alistó en la Marina, pero fue dado de alta con deshonor por problemas de actitud, peleas y faltas de respeto a las órdenes. A partir de ese momento, Brian dejó de ser bienvenido en casa de su padre y, durante años, no hubo contacto entre ellos.

Brian empezó a buscar ayuda para algunas de las cosas poco saludables que veía en su vida. Llegó a darse cuenta de su necesidad de la bendición de su familia y de su responsabilidad de tratar honestamente con sus padres.

Entonces su madre lo llamó para decirle que su padre se estaba muriendo de un ataque al corazón. Voló inmediatamente a ver a su padre. Durante el viaje, tuvo la esperanza de que por fin pudieran hablar y reconciliarse en su relación. Brian se dijo: *"Estoy seguro de que me escuchará. He aprendido mucho. Sé que las cosas van a cambiar entre nosotros".*

Pero no fue así. El padre de Brian entró en coma unas horas antes de que Brian llegara al hospital. Las palabras que Brian ansiaba oír por primera vez - palabras de amor y aceptación - nunca fueron pronunciadas. Cuatro horas después de que Brian llegó, su padre falleció. *"¡Papá, por favor, despierta!"*

Los lamentos dolorosos de Brian resonaban por el pasillo del hospital. *"¡Dime que me amas, por favor!"*. Sus gritos hablaban de una increíble sensación de pérdida: no sólo la pérdida física de su padre, sino también la sensación emocional de haber perdido cualquier posibilidad de contar con la bendición de su padre.

La Necesidad de Amor

La necesidad más básica de la vida es el amor. Dios nos creó con un hambre interno de amor. Lo deseamos tanto porque lo necesitamos para estar sanos emocionalmente. Cuando nos sentimos amados, esto produce salud emocional, salud mental, salud espiritual y salud relacional.

- Las personas que se sienten amadas son capaces de recibir y dar amor.
- Las personas que se sienten amadas son capaces de procesar la vida a través de la lente del amor.

Juan 13:2-4 NVI 2 Llegó la hora de la cena, y el diablo ya había incitado a Judas Iscariote, hijo de Simón, para que traicionara a Jesús. 3 Jesús sabía que el Padre había puesto todas las cosas bajo su dominio, y que había salido de Dios y él volvía;4 así que se levantó de la mesa, se quitó el manto y se ató una toalla a la cintura.

Jesús estaba seguro de quién era, así que no tuvo ningún problema en humillarse al lugar de un siervo.

Si la necesidad de amor es tan profunda en nuestros corazones, entonces el Diablo trata de asegurarse de que seamos rechazados: *Recibimos el mensaje de la gente de que no se nos ama y no somos valorados.* La mentira del rechazo (que viene de <u>afuera</u>) produce mentiras <u>dentro</u> de nosotros. No puedes recibir un mensaje de rechazo y seguir igual. No puedes recibir un mensaje de rechazo y que no tenga un efecto en ti. No es como si oyeras a alguien decir: *"Eres estúpido y no vales nada y quisiera que no hubieras nacido"*, y tú simplemente respondieras: *"Claro. ¿Qué vamos a cenar?"*.

Reaccionando Ante el Rechazo

La naturaleza humana <u>reacciona</u> contra el rechazo, porque es una gran violación de nuestro ser. Por lo general, las personas <u>aceptan</u> el mensaje del rechazo como si fuera verdad, o <u>luchan contra</u> el mensaje del rechazo. La vida de la mayoría de las personas está llena de <u>reacciones</u> al rechazo. Esto se refleja en:

- Su relación con Dios.
- Las relaciones humanas.
- Su mundo interior emocional y mental.

Observa algunas reacciones habituales ante el rechazo:

Sentirse obligado a actuar: *La gente puede darnos el mensaje de que no tenemos valor o de que no podemos tener éxito.*
Así que la reacción de algunas personas ante ese mensaje es sentirse obligado a ganar o a triunfar:

- Sentirse obligado a ganar dinero.
- Sentirse obligado a triunfar en los deportes.
- Sentirse obligado a triunfar en su carrera.
- Sentirse obligado a alcanzar un resultado.

No es sólo el deseo de conseguir algo, es el deseo de demostrar nuestro valor a quienes lo rechazaron. El deseo de demostrar que se equivocaron. Leí sobre un alpinista que tenía una relación difícil con su padre, que era difícil de complacer.

Finalmente escaló por sí solo El Capitán (una formación rocosa vertical extremadamente difícil en el Parque Nacional de Yellowstone). Cuando llegó a la cima, empezó a gritar: *"¿Ahora estás orgulloso de mí, papá?"*. Le gritaba a alguien que ni siquiera estaba allí.

El problema de sentirse impulsado a actuar para demostrar a los demás que están equivocados o que tenemos valor es que nuestro éxito o nuestros logros nunca son satisfactorios.

• Nunca es suficiente: *¿Cuál es la cantidad de dinero? ¿Cuál es la medida del éxito?*
• Lo más probable es que no cambie la opinión de quienes nos rechazan.
• En realidad, no cambia cómo nos sentimos con nosotros mismos.

Lamentablemente, algunas personas ven las cosas de Dios como una forma para demostrar su valor. Se agotan haciendo cosas para Dios o para la iglesia. Se obsesionan con ayudar a la gente. Pero en realidad no se trata de Dios o de la gente, sino de demostrar su valor personal. Un hombre dijo: *"El pequeño secreto de las personas que están obsesionadas con salvar el mundo es que no se quieren mucho a sí mismas"*.

CAPÍTULO 4 ⸺ ENTENDIMIENTO ⚷ CLAVE

La reacción de algunas personas ante el rechazo es sentirse obligado a ganar o a triunfar.

Buscando aceptación falsa: La necesidad de amor y aceptación es tan fuerte que la buscamos, incluso de forma destructiva.

- La gente se une a pandillas, o forma amistades con gente no saludable: *Son problemáticos, pero me aceptan. Quieren que esté con ellos.*

Jueces 11:3 NVT *Así que Jefté huyó de sus hermanos y vivió en la tierra de Tob. En poco tiempo, tuvo una banda de rebeldes inútiles que lo seguían.*

- Atención sexual: *¿Por qué algunas mujeres usan ropa sexualmente reveladora?* Para llamar la atención. Si quieren mirarte, debes de ser valiosa, ¿verdad?
- La sexualidad: Algunos son impulsados sexualmente. Piensan: *"Alguien me desea: debo de ser valiosa".*

Leí el testimonio de una Mujer que había sido muy promiscua durante muchos años. *Ella dijo: "Odiaba cómo me sentía después, y ni siquiera disfrutaba del sexo, pero por unos minutos, me sentía <u>amada</u>".*

Para los hombres: Las conquistas sexuales pueden ser un método constante de intentar demostrar su hombría o su valor.

Los solteros pueden ser fornicadores en serie. Los casados pueden ser adúlteros en serie.

- Pornografía: El atractivo de la pornografía no son sólo <u>cuerpos</u>. En algunas personas es un deseo de <u>intimidad</u>, una búsqueda de valor a través de una <u>conexión</u>; *Pero es una forma de falsa intimidad.*
- Homosexualidad: *La homosexualidad es una retorsión de tu identidad, donde ganas valor.*

Esto puede venir de violaciones sexuales: Leí sobre un consejero que afirmaba: *"En 35 años de terapia clínica nunca he conocido a un homosexual cuya experiencia sexual formativa fuera 'normal', es decir, entre un muchacho y una muchacha".* Dijo que siempre es anormal, que implica abuso sexual, incesto, pornografía o alguna otra aberración.

Esto puede venir de un padre o una madre que son difíciles de complacer o son exigentes: Se rebelan contra ellos.

Esto puede venir de abusos sexuales.

Esto puede venir de que tu género sea rechazado: *Papá quería un niño o mamá quería una niña.*

Pero en la homosexualidad, la atracción es que *me aceptan personas como yo.*

Un homosexual puede estar deseando el amor que no recibió: *El amor de un hombre o el amor de una mujer.*

Siendo Dominado por el Rechazo

El rechazo es un ataque a tu valor o a tu autoestima: *Es un ataque a tu orgullo, a tu sentido de valor.*
Nuestra reacción ante el rechazo suele ser el entronizar el orgullo, hacer de nuestro orgullo un dios. Así que nuestro orgullo se convierte ahora en el factor más importante de la vida: *Gobierna todas las áreas de tu vida.*

El rechazo afecta a tu punto de vista, el cómo ves las cosas

Tito 1:15 RVR1995 Para los puros, todas las cosas son puras; pero para los corruptos e incrédulos nada es puro, pues hasta su mente y su conciencia están corrompidas.

El rechazo altera el cómo <u>nos</u> vemos <u>a nosotros mismos</u> - cómo vemos a <u>los demás</u> - cómo vemos a <u>Dios</u>. Si te pusieras dos pares de lentes de sol oscuros y miraras a tu alrededor, llegarías a algunas conclusiones sobre la visión: *Todo está oscuro. ¡Debe haber algo mal con todos ustedes! Todos tienen un aspecto tan monótono y sin color.* Pero a los demás no les pasa nada: es nuestra visión distorsionada. Pero muchas personas van por la vida con lentes de rechazo, que les hace ver todo incorrectamente.

Las personas rechazadas ven <u>todo</u> como un voto sobre su valor, o como un ataque a su valor.

CAPÍTULO 4 — **ENTENDIMIENTO** 🔑 **CLAVE**

El rechazo afecta a tu punto de vista, el cómo ves las cosas.

La reacción más común al rechazo es la interpretación: *Darle significado a las palabras o a los acontecimientos.* Al haber creído las mentiras del rechazo, interpretamos y asignamos mentiras a todo lo que vemos.

Mira algunas de las mentiras de interpretación.

Las personas rechazadas se ofenden con facilidad: *Cada palabra o acción de los demás es vista como un ataque a su valor.* Pensemos en la agresividad al volante: Leemos sobre personas que atacan e incluso matan a otras por un cambio de carril. El problema es que están estableciendo un significado al cambio de carril: *¡Lo hacen para faltarte al respeto!*

Las personas enojadas suelen ser personas rechazadas: *Hay una ira profunda y preexistente por rechazos del pasado.*

> *Génesis 4:23-24 RVR1995 Lamec dijo a sus mujeres: Ada y Zila, oíd mi voz; mujeres de Lamec, escuchad mis palabras: A un hombre maté por haberme herido y a un joven por haberme golpeado. 24 Si siete veces será vengado Caín, Lamec lo será setenta veces siete.*

- **La gente se ofende por las palabras:** *¿Qué quisiste decir con eso?*
- **Se ofenden por las miradas:** *¿Me estás mirando? ¿Me estás ignorando?*
- **Se ofenden por acciones o falta de acciones.** Cuando pastoreábamos en Johannesburgo, Sudáfrica, una señora mayor de la iglesia que llevaba bastante tiempo asistiendo me preguntó un día: *"¿Por qué me odias?".* Me quedé pasmado. Le pregunté: "¿Por qué usted cree que la odio?". Me contestó: *"Porque pasaste a mi lado y no me diste la mano".* Puedo tener cientos de cosas sucediendo antes de cualquier servicio que pueden distraer mi atención. Le di la mano a esta señora cientos de veces antes de ese día, pero la única vez que no lo hice, ella lo vio como si la odiara o no la valorara.
- **La gente se ofende por los acontecimientos:** En la vida ocurren cosas; cuando son negativas, una persona rechazada interpreta el acontecimiento como un voto sobre nuestra dignidad o valor. Los Pastores rechazados e inseguros son atormentados por el ministerio. Todo es personal. Una baja asistencia es vista como un ataque cuando, en realidad, fue la gripe, el clima o un evento deportivo importante que afectó a la gente.

Las personas rechazadas aceptan culpas falsas: *Pueden interpretar cada acontecimiento negativo de la vida como culpa suya.* Piensan: *"No debo estar a la altura, porque algo no funcionó o algo salió mal".*

Aceptan la culpa por acontecimientos que están fuera de nuestro control, como el tiempo. *La lluvia arruinó la evangelización; Soy un discípulo terrible, Un pastor terrible.*

Aceptan una responsabilidad indebida por las personas: *La salvación de la gente. La salvación de nuestros hijos, o el pecado de nuestros hijos.* He tenido pastores que llaman y ofrecen renunciar porque su hijo adulto ha caído en pecado.

El problema con las mentiras es que producen emoción: *Ira. Dolor. Ansiedad. Tristeza.* ¡Porque <u>sentimos</u> cosas - asumimos que eso significa que es <u>verdad</u>! ¡Pero estamos olvidando que el Diablo es un mentiroso, y es el padre de las mentiras!

CAPÍTULO 4 — ENTENDIMIENTO CLAVE

Las personas rechazadas ven todo como un voto sobre su valor, o como un ataque a su valor.

Sanando las Reacciones al Rechazo

Si el rechazo nos hace entronizar el orgullo, tenemos que arrepentirnos del orgullo. Arrepentirnos de poner al orgullo en el trono del nuestro corazón.

> **Santiago 4:10 RVR1995** *Humíllense delante del Señor y él os exaltará.*

Tenemos que orar: *"Dios, reconozco que esta reacción es equivocada. Veo que no todo en la vida se trata de mí y de mi valor".*

Necesitamos sanidad y liberación del rechazo. ¡Necesitamos pedirle a Dios sanidad y echar fuera ese espíritu atormentador!

Tenemos que pedirle a Dios que nos permita ver las cosas con claridad y correctamente, y no reaccionar constantemente de forma incorrecta.

Mateo 20:32-34 RVR1995 Jesús se detuvo, los llamó y les dijo: ¿Qué quieren que les haga? 33 Ellos le dijeron: Señor, ¡que se abran nuestros ojos! 34 Jesús se compadeció de ellos y les tocó los ojos, y en ese mismo instante ellos recibieron la vista y lo siguieron.

Testimonio: El rechazo no vino de mi crianza; fue una circunstancia traumática que sacudió mi mundo y mi confianza. Me hizo cuestionar mi propia identidad. Sentía vergüenza, no por lo que yo había hecho, sino por lo que otras personas habían hecho. A través de la serie de la Escuela Dominical "Desarraigando el Rechazo", la realidad de que Dios es mi Padre y que mi identidad está en Cristo fue revolucionaria para mí. Me di cuenta de que no tengo que vivir bajo la nube de acontecimientos dolorosos, y no tengo que vivir en la vergüenza. Mi fundamento es Cristo, y puedo vivir una vida realizada.

Su esposo añade: Las violaciones que sufrieron mi mujer y su familia la afectaron. Pero el rechazo que sufrió y sintió hacia sí misma y hacia su identidad también afectó a nuestra familia, a nuestro matrimonio y a la manera en que me ayudaba a dirigir nuestros negocios. Fue una sequía espiritual que drenó el estado emocional de mi esposa y la intimidad que Dios pretendía. Durante su escuela dominical sobre las raíces del rechazo, fue increíble para mí ver la completa transformación de mi esposa y ser testigo de primera mano de la confianza que ella fue capaz de adquirir no sólo en su caminar cristiano - sino también en su vida como mujer piadosa, madre y dueña de un negocio. El desarraigo de su rechazo la ha ayudado en su vida diaria y ha forjado un testimonio duradero que ella ha compartido al testificar a varias personas.

Chris Thorne
Rechazado y Empecé a usar Drogas

Leebon Britoe
Ira por dentro

Oración: Ahora que has visto algunas de las reacciones que se producen en ti cuando hay raíces de rechazo, quiero orar para que Dios comience a ayudar a cambiar algunas de esas cosas en tu corazón. Oremos.

Dios, a las personas que están leyendo o escuchando ahora, Tú les estás revelando algunas reacciones no saludables que han tenido hacia el rechazo que sienten por dentro. Señor, hay personas que son manipuladas en su interior de una manera no saludable. Dios, ellos necesitan ser liberados de ese espíritu que los impulsa a lograr o a probar su valor. Dios, hay personas que buscan una falsa aceptación con personas inadecuadas y esa no es la manera saludable de lograrlo. Ellos necesitan liberación. Pero Dios, hay personas que ellos están interpretando. Todo lo que ven es incorrecto porque el rechazo los está dominando. Dios, abre sus ojos, remueve esas falsas opiniones de sus mentes, permíteles ver claramente. Eso es lo que tiene que ocurrir. Haz un milagro. Señor Dios, abre sus ojos para que vean claramente en cada área de la vida para que puedan encontrar liberación. Y te doy gracias por lo que vas a hacer en el nombre de Jesús. Amen.

Greg Mitchell
Oración - Capítulo 4

Capítulo 5 El Rechazo y La Vergüenza

¿Qué pensarían de mí si lo supieran? Ella estaba sentada en un estudio bíblico para mujeres y miraba a las demás. Siempre se había sentido sucia. Comenzó cuando era pequeña y había sido abusada en numerosas ocasiones por un amigo de la familia. En aquel entonces, pensó que había algo malo en ella para que ese hombre quisiera hacerle esas cosas. En su adolescencia tuvo muchos novios, pensando que se sentiría diferente si encontraba el amor verdadero. Pero, de alguna manera, se sentía más sucia después de que cada nuevo novio terminara con ella. Se casó rápidamente al final de la adolescencia, creyendo que el matrimonio lo cambiaría todo. Pero su marido resultó ser abusivo y violento. Ella se quedó con él durante años porque, de alguna manera extraña, sentía que merecía que la trataran así. Cuando se atrevió a dejarlo, una amiga la invitó a la iglesia y oyó que Dios la amaba. Oró con gusto, entregó su vida a Dios y empezó a disfrutar de su nueva vida. Pero ese día, en el estudio de la Biblia, cuando una de las mujeres mencionó la palabra aborto, su corazón empezó a latir con fuerza y se sintió casi enferma del estómago. Había abortado a los quince años e intentó borrarlo de su memoria. Cuando oró pidiendo perdón a Dios el día de su salvación, sintió que se le quitaba un peso de encima. Pero ahora, al mirar a su alrededor, una voz en su cabeza le decía: *"Tú no eres como esas otras mujeres. Te odiarían si supieran lo que has hecho"*. Se preguntaba si alguien al mirarla, sería capaz de adivinar que lo que sentía en el fondo de su ser - era vergüenza.

Identificando la Vergüenza

Todos somos criaturas sociales. Vivimos conectados e interactuando con otras personas. Nuestras relaciones pueden incluir a familiares, amigos, compañeros de trabajo o de estudios. Una triste realidad de la vida es que la gente puede hacer cosas que nos afectan a largo plazo.

> *2 Samuel 13:13 RVR1995* Y yo, ¿dónde podría llevar mi *vergüenza?*

Tamar habla del efecto de su violación por Amnón. Ella está diciendo que el impacto de esto va a permanecer conmigo. Llevaré esto conmigo toda la vida.

Necesitamos definir la vergüenza para identificar su obra en nuestros corazones y nuestras mentes.

- *Brené Brown: La vergüenza es el sentimiento o la experiencia intensamente dolorosa de creer que somos defectuosos y, por tanto, indignos de amor y pertenencia.*
- *La vergüenza es una vaga sensación de indignidad e inseguridad.*
  - *El mensaje que escuchamos por dentro es: "No soy como ellos. Yo no sirvo. No pertenezco".*
- *La vergüenza es la profunda sensación de que no eres aceptado por algo que has hecho, algo que te han hecho o algo relacionado contigo. Te sientes expuesto y humillado.*

Las Raíces de la Vergüenza

La vergüenza puede venir de otras personas. La gente puede rechazarnos de diversas maneras y, cuando lo hacen, nos transmiten su opinión sobre nuestro valor o nuestra identidad.

La gente puede producir vergüenza en nosotros a través de las palabras: *¡Las palabras tienen un poder increíble!*

Proverbios 18:21 RVR1995 *La muerte y la vida están en poder de la lengua...*

Este versículo dice que la muerte está en la lengua - tiene el poder de matar. Las palabras habladas pueden matar nuestro valor. Las palabras pueden matar la fe. Las palabras pueden matar nuestra identidad. Cuando escuchamos a alguien decirnos palabras como:

Eres un estúpido. No vales nada ¿Qué te pasa? Eres un inútil.

Esas palabras pueden alterar cosas dentro de las personas: Liberan un poder espiritual nada saludable.

Las personas pueden producir vergüenza en nosotros mediante acciones: *El abandono, el divorcio y el abuso son tres acciones que pueden producir vergüenza.*

La historia de Amnón y Tamar es una historia trágica de abuso sexual.

2 Samuel 13:14 NTV *Pero Amnón no le hizo caso y, como era más fuerte que ella, la violó.*

Después de violarla, la rechaza inmediatamente, lo que le transmite un mensaje repugnante: *Sólo sirves para el sexo.*

Las personas pueden producir vergüenza en nosotros al no darnos lo que necesitamos: Las personas que son importantes en nuestras vidas pueden a veces no darnos las cosas que son vitales para nuestro bienestar, como el amor, el afecto, la comunicación, las finanzas.

Podemos abrir la puerta a la vergüenza a través de la culpa: Tenemos el poder del libre albedrío. Podemos elegir hacer el mal si queremos, pero cuando lo hacemos, violamos nuestra conciencia. La conciencia es un testimonio íntimo. Cuando hacemos mal, Dios hace que una voz intima nos diga que hemos hecho mal. Dios permite que nos sintamos mal para que arreglemos lo que hemos hecho mal. Algunas de nuestras acciones serían terriblemente vergonzosas si otros las supieran.

Génesis 3:7 NTV En ese momento se les abrieron los ojos, y de repente sintieron vergüenza de su desnudez. Entonces cosieron hojas de higuera para cubrirse.

La palabra vergüenza significa "desnudarse o quedar expuesto". *Es la sensación de que me falta algo.* Ésta es la raíz de algunas adicciones. Las personas consumen alcohol o drogas para olvidar o amortiguar el dolor de la culpa. Pero la vergüenza es diferente de la culpa. **La culpa dice que hice cosas malas. La vergüenza dice que soy malo.**

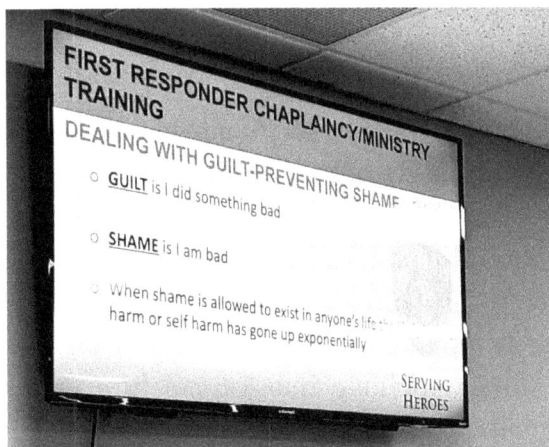

CAPÍTULO 5 — ENTENDIMIENTO ⚷ CLAVE

La culpa dice que hice cosas malas. La vergüenza dice que soy malo.

PRESENTACIÓN EN UN CURSO DE FORMACIÓN DE CAPELLANES

Los Efectos de la Vergüenza

La historia de Tamar en **2 Samuel 13** nos muestra los efectos mortales de la vergüenza en el corazón humano.

Puedes asumir la identidad de la vergüenza:
El rechazo se vuelve mortal cuando <u>interiorizamos</u> las mentiras del rechazo y <u>las hacemos nuestras</u>

> *2 Samuel 13:13 RVR1995 ¿A dónde iría yo con mi vergüenza?*
>> *Esta es <u>mi</u> vergüenza: ahora forma parte de mí.*

> *2 Samuel 13:19 RVR1995...rasgó el vestido de diversos colores.* Ella está diciendo: *"Ahora soy diferente"*
>> *Yo <u>era</u> virgen. <u>Era</u> una princesa, pero ahora he cambiado.*

> *2 Samuel 13:19 NVS Tamar echó ceniza sobre su cabeza... y puso su mano sobre la cabeza. Luego se fue llorando a gritos.*
>> Cenizas en la cabeza: *¡Estoy sucia... aquí!*
>> Se pone la mano en la cabeza: *¡Aquí es donde está el problema!* Pensamiento equivocado.

Vergüenza es cuando estás de acuerdo con el abuso de otra persona, sus palabras de odio o su negligencia.

Un hombre caminaba por la calle cuando pasó por delante de un salón de tatuajes. Se detuvo un momento para mirar los distintos diseños que se podían tatuar en la piel. Vio un diseño que decía simplemente: "Fracasado". Le llamó tanto la atención que entró y preguntó al hombre que estaba detrás del mostrador si realmente había gente que se hiciera ese tatuaje. La respuesta fue "Muchos".

El hombre se mostró incrédulo: ¿Quién se tatuaría voluntariamente la palabra "Fracasado" de forma permanente? El empleado del salón de tatuajes respondió: "Lo llevan escrito en el corazón mucho antes de llevarlo escrito en la piel".

Las personas rechazadas o maltratadas a veces toman las opiniones odiosas de los demás como su identidad. Empiezan a pensar: *Soy* un estúpido. *Soy* un fracaso. Sólo sirvo para eso.

La vergüenza nos separa de otras personas: *2 Samuel 13:19 RVR1995 ...se fue llorando amargamente...*

- La vergüenza nos dice que no somos aptos para estar con otras personas: *A veces no podemos mirar a los ojos a otras personas.*
- La vergüenza nos separa relacionalmente: ¡Podemos aislarnos de los demás, literalmente! *Mantenemos la distancia.*
- La vergüenza nos separa emocionalmente: *Nunca dejan que nadie se acerque. Las relaciones sólo pueden ser muy superficiales.*
- La vergüenza puede separarnos sexualmente: *Algunas personas están casadas, pero incluso en el matrimonio, siguen separadas porque se sienten sucias o se sienten indignas de amor.*

La vergüenza hace que nos rechacemos a nosotros mismos:

- **Acostumbramos a recrear nuestra vergüenza con nuestras palabras:** Algunas personas me han contado los mensajes de odio que escucharon de otros en el pasado, ¡pero ahora son ellos los que lo dicen de sí mismos!
  Soy un estúpido. No valgo nada. No debería estar aquí.
- **Podemos tender a hacernos daño a nosotros mismos:**
  Algunas personas eligen autolesionarse: *Cortarse o quemarse: ¡eso es lo que me merezco!*

Algunas personas arruinan sus propias vidas, aparentemente tomando acciones que destruyen trabajos, relaciones, matrimonios o ministerios. *¡Esto es lo que merezco!*

El tenista profesional André Agassi tuvo mucho éxito, pero su hábito secreto de consumir metanfetamina tenía una doble función. Le proporcionaba un subidón y, al mismo tiempo, "Logro una indudable satisfacción haciéndome daño y acortando mi carrera. Después de décadas como aficionado al masoquismo (causarme dolor a mí mismo), lo he convertido en mi misión. Odio el tenis, pero me odio más a mí mismo".

Las personas con vergüenza acostumbran a transmitirla:

- Las víctimas de la vergüenza acostumbran a cargar esa vergüenza en los demás: *"Las personas heridas tienden a herir a otras personas".*

  Critican, se burlan o se enfadan con los demás por sus fallos percibidos.
- Lo que odian, lo reproducen en otros: *Se convierte en un círculo vicioso que transmiten a los demás.*
- Cuando <u>sentimos</u> vergüenza, <u>queremos</u> avergonzar a los demás.

  La gente que chismea: *¡Déjame decirte lo terribles que son!* Nos sentimos mejor cuando contamos a otros los_problemas <u>de los demás</u>.

  La gente que culpan a otros: *Génesis 3:12 NVS* *El hombre dijo: "Tú me diste a esta mujer y ella me dio fruto del árbol, y yo lo comí."*

  La gente que utiliza la crítica: Cuando ves a alguien que encuentra defectos en todos y en todo, ves a alguien que está tratando de hacer que todos se vean tan mal como se sienten ellos mismos.

Las personas con vergüenza suponen que <u>Dios</u> siente por ellas lo mismo que ellas sienten por sí mismas.

```
┌─ CAPÍTULO 6 ── ENTENDIMIENTO ⚷ CLAVE ─┐
│   Las personas que han experimentado el caos en   │
│        sus vidas ansían orden y control.          │
└───────────────────────────────────────────────────┘
```

Están seguros de que Dios está disgustado con ellos y que aparta sus ojos de ellos.

Sanando la Vergüenza

Tú no tienes que seguir viviendo con vergüenza. La vergüenza es una mentira, y Dios ha hecho provisión para sanar nuestra vergüenza.

Jesús llevó nuestra vergüenza a la cruz:

Hebreos 12:2 RVR1995 *puestos los ojos en Jesús, el autor y consumador de la fe, el cual por el gozo puesto delante de él soportó la cruz, menospreciando el oprobio, y se sentó a la derecha del trono de Dios.*

La muerte de Jesús en la cruz incluía el elemento de la vergüenza: Jesús fue desnudado y escarnecido por los soldados, por los judíos religiosos e incluso por los ladrones en la cruz. Fue escupido, paseado entre multitudes hostiles y ejecutado como un criminal. Él llevó nuestra vergüenza y se hizo pecado por nosotros para poder perdonar nuestros pecados y cambiar nuestra identidad.

La sanidad de la vergüenza comienza cuando vemos cómo Dios nos ve: El punto de partida de la sanidad tanto del rechazo como de la vergüenza es el amor de Dios.

Sofonías 3:17 NVS El SEÑOR tu Dios está contigo; el Poderoso te salvará. Se alegrará por ti. Descansarás en su amor; El cantará y se alegrará por ti".

Sabiendo todo sobre nosotros: ¡Dios se deleita en nosotros! Como los padres que cantan canciones sobre sus bebés o niños pequeños: ¡Cantas porque te alegras de que te pertenezcan!

Necesitamos creer en el amor de Dios: *1 Juan 4:16 RVR1995 Y hemos conocido y creído el amor que Dios tiene por nosotros. Dios es amor, y el que permanece en amor, permanece en Dios, y Dios en él.*

Reconocer las mentiras que hemos creído.
Buscar la verdad del amor que Dios nos tiene y creerla.
Mira a Jesús: Cómo trataba a la gente (no a los fariseos). ¿Qué le decía a la gente? ¿Qué hacía por ellos? Luego hay que personalizarlo: *¡Eso es para mí! ¡Así es como Él me tratará!*

Necesitamos experimentar el amor de Dios: *1 Juan 4:16 RVR1995 Y hemos conocido y creído el amor que Dios tiene por nosotros...*

La palabra conocido significa algo experimental/estar seguro. En cierto modo, significa *"sentir"*. Podemos encontrarnos con Dios.
1. Dios puede traer sanidad para el pasado: *Lucas 4:18 RVR1995 Me ha enviado a sanar a los quebrantados de corazón.*

2. Él puede traer <u>revelación</u> de Su amor (que es más que información). *Lo <u>sé</u>, ¡Lo siento!*

Talvez necesites ayuda para romper la vergüenza: La vergüenza quiere que la guardemos. La mentira es*: "Que no se entere nadie".*

A veces, cuando la vergüenza viene de otra persona, hay libertad en oír a otra persona decir: 'Eso no es verdad' o 'Lo que hicieron estuvo mal'. He aconsejado a personas que me han contado las mentiras del rechazo y la vergüenza, y cuando les digo 'esas palabras son mentira' o 'lo que hicieron estuvo mal', me han contado más tarde que sintieron una liberación al oír eso. Una persona dijo: ***"Fue como si se rompiera un hechizo sobre mí"***. Te animo a que busques la ayuda de un Pastor o de alguien que pueda ayudarte a resolver estos problemas.

Concluyo este capítulo con un último versículo de esperanza:

Salmo 34:5 NVI Radiantes están los que a él acuden; jamás su rostro se cubre de vergüenza.

Testimonio:
Quiero agradecer a Dios por la liberación. A través de la serie "Desarraigando el Rechazo" que el Pastor Greg hizo en la Escuela Dominical, se revelaron muchas cosas que estaban pasando en mí y que yo ignoraba. No tenía idea de cuanto de lo que estaba lidiando era algo de lo que podía ser liberado. La forma en que me veía a mí mismo, a los demás y a las situaciones era a través de una lente de rechazo. Palabras dichas en mi pasado y violaciones pasadas habían enterrado en mi raíces profundas de rechazo que habían impactado de una manera muy negativa cada área de mi vida. Cada herida y violación regó y alimentó la percepción de no ser lo suficientemente bueno y muchas otras mentiras. Palabras y heridas de mi pasado causaban dolor en el

presente. Ese dolor se manifestaba en ira, que se convertía en problemas en las relaciones y en muchos tipos de conflictos. Siempre estaba vigilante y no confiaba en nadie. Incluso con las personas que consideraba mis amigos, siempre me encerraba en mí misma. Pensaba que el quebrantamiento era normal; que tenía que sentir el dolor que siempre había sentido por violaciones pasadas para que Dios pudiera usarlo para ayudar a otros. Creí la mentira de que porque me habían herido en el pasado, tenía que vivir quebrantada para siempre. No me daba cuenta de que podía ser libre.

Hubo momentos en que lloré durante toda la Escuela Dominical y no quería enfrentar lo que estaba siendo presentado. Sentía que todo de lo que podía avergonzarme estaba siendo expuesto, y me dolía. A veces ni siquiera quería ir. Después de algunas de las lecciones de Desarraigando el Rechazo, el pastor Greg nos ayudó a orar, y empecé a sentir sanidad y esperanza. También nos mostró escrituras para ayudarnos a luchar contra las mentiras del enemigo. Tantas áreas en mi corazón, mente y alma fueron impactadas y sanadas. ¡Tengo una confianza renovada en ser una hija de Dios!

Chris Thorne
¿Qué estoy haciendo aquí?

Leebon Britoe
Lágrimas - no hay lugar para mi

Oración: Ahora que has leído o escuchado el efecto del rechazo que ha traído vergüenza, quiero orar por ti.

Dios, ahora mismo hay personas que están llenas de vergüenza - esa es una mentira del infierno. Les han pasado cosas que han transmitido el mensaje de que hay algo malo en ellos, que son malos. Eso es una mentira, y la rechazo de sus vidas. Dios, te necesito. Dios, esa vergüenza les ha hecho separarse de otras personas. Ha producido una falta de confianza, tanto con la gente y lo más importante contigo. Dios, te necesito para desarraigar la vergüenza. Yo reprendo ese espíritu de vergüenza, ese es un espíritu mentiroso del infierno. Dios libera a estas personas, libéralos de la vergüenza. Haz que entiendan cuanto los amas. Y Dios, ellos se van a ver claramente como Tú los ves, y te doy gracias por la obra que Tú vas a hacer. en el nombre de Jesús. Amen.

Capítulo 6 El Rechazo y La Protección

"Nunca más permitiré que me vuelvan a hacer daño". Se sentó en la cama con los brazos apretados alrededor de sus rodillas. Las lágrimas rodaban por sus mejillas mientras decía esas palabras con los dientes apretados. Llevaba años sufriendo los ataques violentos y los abusos de su padrastro. No sabía que las palabras que acababa de decirse a sí misma cambiarían el curso de su vida. Cuando tuvo edad suficiente para salir de casa y empezar a vivir, se dio cuenta de que desconfiaba de casi todo el mundo. Cuando alguien intentaba formar una relación con ella, se alejaba para evitar que la atraparan y abusaran de ella. Tuvo que recurrir a la manipulación para protegerse. Pero eso sólo le traía otros problemas. Habían pasado algunos años y se dio cuenta de que luchaba contra la soledad y el aislamiento emocional. Pensó: *"¿Es posible que mi plan de protegerme simplemente me trajo a otro tipo de prisión?".*

Protección Contra el Rechazo

Cuando nos rechazan, esto provoca dolor emocional y sentimientos que odiamos: Sentimientos de pena y vergüenza, ira, temor e impotencia. Es completamente normal no querer volver a sentirse así. Sólo a las personas enfermas les gusta el dolor y lo buscan o lo crean intencionadamente en sus vidas. Las personas sanas quieren evitar el dolor.

Pero el rechazo es la entronización del orgullo. Nuestro orgullo (autoestima) ha sido dañado de alguna manera, así que reaccionamos contra los sentimientos de desprecio entronizando el orgullo. El orgullo determina cada decisión, cada reacción y cada aspecto de la vida. Job 41 describe una criatura llamada Leviatán (dragón). Muchos estudiosos creen que es una descripción simbólica del **orgullo**.

> *Job 41:15-17 NTV Sus escamas son como hileras de escudos fuertemente selladas. ¹⁶ Están tan apretadas que el aire no puede pasar entre ellas. ¹⁷ Cada escama está fuertemente pegada a la siguiente; están entrelazadas y no pueden ser penetradas.*

Esta descripción de la criatura del orgullo nos muestra: *El orgullo está marcado por una armadura defensiva.* Habla de hileras de escudos sellados tan fuertemente que nada puede penetrarlos. Esta es una descripción poderosa de muchas personas que han sido rechazadas: Las personas rechazadas forman **patrones de protección** contra ser rechazadas de nuevo. Se podría decir que las personas rechazadas van por la vida llevando una **armadura de rechazo**.

Una forma de protegernos del rechazo es haciéndonos promesas a nosotros mismos. Las promesas son votos. Hacemos estas promesas con frecuencia en respuesta al dolor o la vergüenza. Los llamamos **Votos Internos**. Los Votos Internos son una forma de proteger nuestras emociones para no ser llevados de nuevo a un lugar de vulnerabilidad.

Tipos de Votos Internos

- **Votos relacionales:** Podemos decir: *"¡Nunca volveré a confiar en otra persona! Nunca me casaré. Nunca me casaré de nuevo".*

> *Jueces 11:7 NTV Pero Jefté les respondió: "¿Acaso no son ustedes los mismos que me odiaban y me echaron de la casa de mi padre? ¿Por qué vienen a buscarme ahora que están en apuros?".*

- **Votos financieros:** Podemos decir: *"¡Nunca volveré a ser pobre!"*.

Quienes han experimentado el estrés, la mudanza, el conflicto o la vergüenza de la pobreza hacen votos para vivir de tal manera que se protegen contra la pobreza.

Jimmy Evans cuenta la historia de un hombre que tenía los armarios de casa completamente llenos de refrescos. Después de casarse, él y su mujer fueron juntos a hacer las compras. Empezó a llenar varios carritos con refrescos. Su mujer le dijo: *"No necesitamos tantos refrescos"*. Él explotó: *"¡No me digas lo que no puedo hacer!"*. Él fue criado en la pobreza. Su madre sólo le dejaba tomar agua.

- **Votos de fracaso:** *¡Nunca volveré a ponerme en una situación en la que pueda fracasar! Nunca volveré a quedar como un tonto.* Aquellos que sienten que fracasaron en el ministerio con frecuencia se juran a sí mismos: *"Nunca más me involucraré en el ministerio. Nunca más saldré a pastorear una iglesia"*.
- **Votos matrimoniales:** Después de violaciones en el matrimonio que nos causan dolor, algunos cónyuges juran: *"No volveré a bajar la guardia. No volveré a entregarme por completo a mi cónyuge"*.
- **Votos de amargura:** Las personas que han sido violadas o de las que se han aprovechado pueden jurar: *"Nunca les perdonaré. Nunca volveré a hablarles"*. Esto no es sólo porque estemos enojados, sino porque nos protege. Pensamos: *"Si no perdono, no tendrán otra oportunidad de volver a hacerme daño"*.

Comprando la Aceptación

Hay otra forma de protección que adoptan algunas personas rechazadas, y es la protección de comprar aceptación. En las relaciones normales, hacemos cosas por los demás. Pero para las personas rechazadas, la pregunta es ¿POR QUÉ? ¿Bendices a otras personas porque las amas, o lo haces para que te quieran?

- Las personas rechazadas están ansiosas de ayudar a los demás: *Si hago lo que quieres que haga, me aceptarás y no me rechazarás. En realidad no quiero ayudar - tengo que ayudar.*
- Las personas rechazadas están ansiosas por hacer regalos o mostrar atención: Mostramos atención mediante llamadas, mensajes de texto o visitas y dando regalos cuando es apropiado en las relaciones.

Pero las personas rechazadas lo hacen para comprar amor o protegerse contra el rechazo.

- El rechazo nos ciega: *No podemos ver nuestros verdaderos motivos ni percibir los límites naturales en las relaciones.*

Proverbios 25:17 NVS No visites a tus vecinos muy seguido, porque se cansarán de ti y acaban por odiarte.

Algunas personas se convierten en opresivas: *Pasan de mostrar atención a ser como un acosador.*

A este tipo de personas con frecuencia les molesta que su "amigo" se relacione con alguien más: *¡Si tienen otros amigos, Entonces no me quieren!*

La Protección del Control

El rechazo produce con frecuencia sentimientos de impotencia. No pudimos evitarlo. No pudimos arreglarlo. Así que algunas personas rechazadas se empeñan en mantener el control en la vida: Pensamos para nosotros mismos: *"Si mantengo el control, nunca volveré a sentirme indefenso".*

Jueces 11:9 NTV Jefté dijo a los ancianos: "A ver si entiendo bien. Si voy con ustedes y el SEÑOR me da la victoria sobre los amonitas, ¿de veras me harán gobernante de todo el pueblo?".

Las personas que han experimentado el caos en sus vidas ansían orden y control. Para unos, eso se manifiesta en sentirse muy cómodos con muchas normas claramente definidas en todas las áreas de la vida. Para otros, desarrollan un trastorno obsesivo-compulsivo: *Controlo las cosas mediante la organización.* Algunos se autolesionan cortándose: *Puedo hacer que el dolor cese cuando yo quiera.*

Las personas rechazadas con frecuencia son controladoras en las relaciones. Abordan las relaciones con la actitud: *"Tienes que seguir mis planes o hacer las cosas a mi manera, ¡o te las haré pagar!".*

- Algunos recurren al soborno: Dicen: *"Te ayudaré o te haré regalos, pero entonces me debes".* Lo que dan siempre tiene un precio. El resultado es que aquellos a quienes ayudamos o damos se sienten utilizados y violados.
- Algunos utilizan la manipulación emocional: Utilizan la ira, las lágrimas, los arrebatos, el silencio - incluso la enfermedad; *"Vas a matar a tu madre. Sabes lo débil que es el corazón de tu Padre".*

¿Es posible que intentan controlar a la gente para no sentir la impotencia del rechazo?

La definición de la manipulación es *Administrar o influir de forma astuta o sagaz, controlar o manipular para obtener un beneficio personal.*

> ***Gálatas 5:19-20 RVR1995*** *Las obras de la carne se manifiestan en adulterio, fornicación, inmundicia, lascivia, 20 idolatría, hechicerías, enemistades, pleitos, celos, iras, contiendas, disensiones, herejías,*

La hechicería no tiene por qué ser el sacrificio de gatos. Por definición, la brujería es *manipular la voluntad de otra persona. Doblegar su voluntad a la tuya.*

CAPÍTULO 6 — **ENTENDIMIENTO** **CLAVE**

Las personas que han experimentado el caos en sus vidas ansían orden y control.

Los Daños de la Protección

El problema de vivir protegiéndose es que no estamos protegidos: *¡En realidad, hacemos daño!*

• **Nos dañamos a nosotros mismos:** Las palabras son poderosas - liberan fuerzas poderosas en nuestras vidas y corazones.

> *Proverbios 18:21 RVR1995 La muerte y la vida están en poder de la lengua: Y los que la aman comerán su fruto.*
> Nuestra boca desencadena cosas dentro de nosotros: Todo nuestro ser se alinea con nuestras palabras y se pone a trabajar para demostrar que son verdad.
> Nuestras emociones se alinean con nuestras palabras: *Lo sentimos.*
> Nuestra visión está alterada: *Vemos las cosas como hablamos.*

> *Proverbios 6:2 RVR1995 Por las palabras de tu boca eres atrapado; estás enredado por tus palabras.*
> Podemos quedar atrapados por las fuerzas espirituales que hemos desencadenado con nuestras palabras.

• **Dañamos las relaciones:** Las relaciones funcionan mejor con la sinceridad.

Pero cuando nos protegemos, somos incapaces de establecer relaciones saludables: *Nadie puede acercarse a nosotros.*

Job 41:15 NTV *Sus escamas son como hileras de escudos fuertemente selladas.*

Acabas ofendiendo a las personas con las que te relacionas. *La personas no quieren ser utilizadas, compradas u oprimidas. Les molesta ser controladas/manipuladas.*

- **Bloqueas la bendición de Dios:** Dios no te obligará a ser libre. No te obligará a ser bendecido.

Números 14:28 NVI *Diles: Tan cierto como que yo vivo, declara el SEÑOR, haré con ustedes precisamente lo que los oí decir:*

Ciertamente, Dios no bendecirá la manipulación ni la brujería.

Sanidad de las Estrategias de Protección

Hay cosas que podemos hacer para liberarnos de la trampa de la protección

- **Tenemos que romper la maldición de las palabras**:

Números 30:5 RVR1995 *Pero si su padre se lo prohíbe el día en que se entera, ninguno de los votos y las obligaciones con que ella haya ligado su alma será firme. Y Jehová la perdonará, por cuanto su padre se lo prohibió.*

Tu Padre celestial sabe que has dicho palabras en tu dolor: *¡Él te liberará!*

Tenemos que confesar esas cosas: Tenemos que decir: *"¡Me arrepiento! ¡Rechazo esas estrategias! Expulso el poder maligno liberado por las palabras!"*.

Entonces tenemos que declarar las palabras correctas: *"¡Voy a confiar! ¡Voy a perdonar! ¡Voy a creer! Volveré a intentarlo"*.

- **Tenemos que confiar en Dios**:

Salmo 91:2 RVR1995 Diré del Señor: "Él es mi refugio y mi fortaleza; Dios mío, en Él confiaré".

No tengo que pasarme la vida protegiéndome: *Mi Padre celestial, que me ama, me protegerá*.

- **Tenemos que abrirnos:** El orgullo quiere que levantes muros. *No dejes que nadie vea tu verdadero yo. No dejes que sepan lo que realmente está pasando. No les dejes entrar en tu corazón.*

Necesitamos abrirnos con Dios: Decirle: *"Soy rechazado, tengo miedo, estoy herido"*. Él ya lo sabe.

Pídele a Dios un milagro de sanidad y liberación.

Tenemos que abrirnos a la gente:

Establecer relaciones con la gente. Derribar los muros. Bajar la guardia.

El 12 de junio de 1987, Ronald Reagan se encontraba en la Puerta de Brandemburgo de Berlín Occidental, frente al famoso Muro de Berlín que dividía Alemania Oriental y Occidental. En su discurso presentó en parte su política exterior frente al comunismo. En medio del discurso, se dirigió al Secretario General del Partido Comunista de la Unión Soviética, Mijaíl Gorbachov. Le dijo: *"Detrás de mí hay un muro que rodea los* sectores libres de esta ciudad, parte de un amplio sistema de barreras que divide todo el continente europeo... Frente a la Puerta de Brandemburgo, cada hombre es un alemán, separado de sus semejantes. Todo hombre es un berlinés, obligado a contemplar una cicatriz... Mientras esta puerta permanezca cerrada, mientras se permita que esta cicatriz de muro siga erguida, no es sólo la cuestión alemana la que sigue abierta, sino la cuestión de la libertad para toda la humanidad. Secretario General Gorbachov, si busca la paz, si busca la prosperidad para la Unión Soviética y Europa Oriental, si busca la liberalización, venga a esta puerta. **¡Señor Gorbachov, abra esta puerta! Sr. Gorbachov, ¡derrumbe este muro!"**

Ese es el llamado de Dios a todo corazón aprisionado por el rechazo: **¡Derrumba este muro!**

Testimonio: Cuando me mudé del norte de Inglaterra a Midlands, se burlaron de mí por tener un acento diferente. Cuando me mudé de Inglaterra a Chipre, se burlaron de mí por tener sobrepeso. Cuando me mudé a Dubái, sufrí abusos raciales y ataques por ser británico. Mis padres y yo quedamos destrozados por la Guerra del Golfo y perdimos todo lo que habíamos construido. Mis compañeros me usaron y se burlaron de mí de muchas y diversas maneras infantiles. No había una cosa grande. Había pequeñas cosas todo el tiempo.

Todos estos y otros "ataques" contra mí mismo eran siempre inesperados y me confundían. Construí un muro de protección para no volver a sufrir ningún tipo de abuso. Siempre que me sentía atacado, cuando la gente intentaba hablar en mi vida, me enojaba, gritaba, me defendía y ponía ese muro entre ellos y yo durante semanas o meses. Huía de cosas, trabajos, personas, relaciones, miembros de la iglesia e incluso de la familia. Siempre huía hacia la "seguridad" y evitaba enfrentarme al dolor.

Por casualidad, un día me topé con la serie "Desarraigando el Rechazo" en YouTube, y resultó ser un encuentro divino que cambiaría mi vida. Desde el momento en que vi el primer episodio, me quedé asombrado. Esperaba con entusiasmo cada una de las lecciones siguientes. Transcribí minuciosamente cada vídeo a un texto, creando un registro escrito de las poderosas verdades que habían tocado mi corazón. Al leer las transcripciones, sentí como si Dios me hablara directamente, descubriendo capas de dolor e inseguridad que ni siquiera me había dado cuenta de que existían. Veía todo a través de una lente distorsionada de rechazo, malinterpretando las comunicaciones en casi todos los niveles. Con el tiempo, al sumergirme en estos mensajes, vi que surgía un patrón. Me di cuenta de que muchas de mis luchas y contratiempos tenían su origen en problemas de rechazo profundamente arraigados. Ya fuera el rechazo de los demás, el rechazo de mí mismo, o incluso un rechazo percibido de Dios, se había convertido en una barrera que me impedía experimentar la plenitud de vida que Cristo prometió.

Armado con este nuevo entendimiento, empecé un proceso de oración y arrepentimiento. Derramé mi corazón ante Dios, entregándole cada herida, cada temor y cada área de mi vida en la que el rechazo se había apoderado de mí. Y al hacerlo, sentí que Su toque sanador empezaba a obrar en mí, restaurando gradualmente lo que había sido quebrantado y herido. No fue una transformación de la noche a la mañana, pero lenta y seguramente, empecé a ver cambios en mí. Me encontré más confiado y más seguro de quién era como hijo de Dios. Las cadenas del rechazo que me tenían atado desde hacía tanto tiempo se estaban rompiendo, y fueron reemplazadas por un profundo sentimiento de ser aceptado y pertenecer a Cristo. La clave fue cuando oré por raíces de justicia, nuevas raíces en una nueva vida para mí. Esa oración lo cambió todo. Hoy puedo decir con confianza que la serie " Desarraigando el Rechazo " ha transformado realmente mi vida. A través de sus enseñanzas sencillas pero profundas, he sido liberado de las garras del rechazo y capacitado para vivir victoriosamente en Cristo.

Oración: Ahora que has terminado este capítulo sobre la protección, voy a orar por ti para que Dios te ayude.

Dios ahora mismo, hay personas que el rechazo les ha hecho decir palabras. Ellos han dicho palabras y han hecho votos que no son saludables, que los han atado, y los han afectado en formas no saludables. Dios, yo rompo la maldición de esas palabras que ellos han dicho. Dios, libéralos de esas palabras y de esos votos internos. Dios, hay personas que han tratado de controlar todo en la vida para protegerse de ser rechazados. Dios, ellos han tratado de hacer que todo sea controlado y eso no ha funcionado. Tratan de controlar a otras personas y eso no es sano. Necesito que hagas un milagro. Libéralos de ese espíritu de control. Dios, hay personas que han edificado barreras contra otros para tratar de protegerse. Hay personas casadas; Ellos han edificado murallas entre ellos y su conyugue, y eso está matando su comunicación. Está matando su matrimonio. Dios, libéralos. Haz un milagro. A partir de este momento, Señor Dios, las barreras de protección que hemos erigido, Dios derríbalas para que puedan encontrar la libertad en el nombre de Jesús. Amén.

Greg Mitchell
Oración – Capítulo 6

Capítulo 7 El Rechazo, El Culpar y La Mentalidad de Víctima

"¡No es mi culpa!", se enfadó el hombre. *"¡Tú no sabes lo que es ser criado como me criaron!"*. Respiraba con dificultad y se le saltaban las lágrimas. El pastor había pedido hablar con él después de varios ataques de ira con gente de la iglesia que incluían amenazas de violencia. El pastor le preguntó*: "¿Hace cuántos años que te trataban así en casa?"*. El hombre pensó un momento y dijo: *"Treinta y dos años"*. El pastor le preguntó: *"¿Cuánto tiempo piensas permitir que acontecimientos de hace treinta y dos años sigan arruinándote la vida?*

A todos nos vendría bien que alguien en nuestra vida nos hiciera esa misma pregunta.

Culpa y Mentalidad de Víctima

El rechazo es un ataque a la dignidad o el valor de una persona. Que nos digan que no somos amados, que no nos quieren o que no nos valoran provoca heridas profundas dentro de nosotros.

> *Salmo 109:22 RVR1995 Porque soy pobre y necesitado, Y mi corazón está herido dentro de mí.*

El rechazo no es sólo información; es un mensaje doloroso, confuso y atormentador. Las personas rechazadas no pueden vivir con la idea de que son inútiles o no tienen valor. Ser rechazado no es natural. Fuiste hecho para ser amado y valorado. Ese es el plan de Dios. Por eso, cuando nos rechazan, no podemos cargar con ello; tenemos que lidiar con esos sentimientos.

Trasfiriendo la Culpa

Una respuesta es trasferir esos pensamientos negativos de nosotros mismos a los demás. A esto lo llamamos **culpa**. *La definición de culpa es cambiar nuestra responsabilidad a otra persona u otra cosa.*

> *Génesis 3:12 RVR1995 Entonces el hombre dijo: "La mujer que me diste por compañera fue quien me dio del árbol, y yo comí".*

El culpar explica por qué somos como somos: La culpa es de los demás.

El culpar a otros es el orgullo entronizado: *No soporto aceptar que soy responsable por ningún problema.* La razón por la cual es tan difícil aceptar responsabilidad en la vida es porque es mayor que cualquier problema con el que hoy estés luchando: *Nos trae recuerdos de haber sido avergonzados.* Igualamos la responsabilidad con nuestra vergüenza pasada.

- El culpar a otros produce personas que nunca dicen lo siento y nunca se disculpan.
  ¿Te morirías si reconoces que te has equivocado o que hiciste mal? ¿Morirías si pidieras perdón?
- El culpar acostumbra a ser agresivo y furioso: *Produce reacciones explosivas de señalar con el dedo.*
  La naturaleza humana tiende a los extremos: La vergüenza dice que todo es mi culpa. El culpar dice que nada es mi culpa. La realidad es equilibrada: Algunas cosas no son mi culpa y otras son mi culpa.

El culpar explica por qué somos como somos: La culpa es de los demás.

La Mentalidad de Víctima

Lo que va de la mano con el culpar a otros es la mentalidad de víctima. La **mentalidad de víctima** *se refiere a un estado mental en el que una persona se siente indefensa y como si el mundo estuviera en su contra.*

> ***Juan 5:7 NTV*** *"No puedo, señor", dijo el enfermo, "porque no tengo a nadie que me meta en el estanque cuando se agita el agua. Siempre alguien llega antes que yo".*

Él tiene una explicación de por qué es como es, **unida con la incapacidad.**

Una mentalidad de víctima implica autocompasión: *La autocompasión es un sentimiento de pena egocéntrico por nuestros propios sufrimientos.* En la autocompasión, reproducimos en nuestra mente los acontecimientos pasados que "comprueban" que somos incapaces.

> ***Juan 5:7 NTV*** *"No puedo, señor", dijo el enfermo, "porque no tengo a nadie que me meta en el estanque cuando se agita el agua. Siempre alguien llega antes que yo".*

Nos decimos: *"Si hubiera tenido mejores padres, un mejor cónyuge, un mejor trabajo o más oportunidades... entonces no estaría así".*

La autocompasión produce envidia: El hombre del estanque de Betesda puede haber dicho: *"Para ti es fácil hablar, ¡tú puedes caminar!"*. La gente de hoy puede decir: *"Por supuesto que eres bendecido en la vida. Tuviste un papá, o tuviste buenos padres, o tuviste un buen Pastor"*.

A la autocompasión le encanta contar a los demás su dolor: El hombre del estanque de Betesda habla de su dolor a Jesús: *"¡No tengo a nadie que me ayude!"*. ¡Aunque Jesús no le estaba preguntando eso!

- **La autocompasión puede llamar la atención de otras personas:** Puede que digan: "*Oh, qué terrible. Pobrecito*".

  1 Reyes 21:5 NVI Su esposa Jezabel entró y le preguntó: "¿Por qué estás tan deprimido que ni comer quieres?"
- **La autocompasión valida nuestro dolor:** Nos hace pensar que todos nuestros sentimientos son verdaderos y correctos, porque alguien escuchó nuestro dolor.
- **La autocompasión nos excusa de toda responsabilidad:** *Nada es culpa nuestra si somos víctimas.*

Las personas con mentalidad de víctima pueden obtener una extraña satisfacción del rechazo o de que las cosas vayan mal. Cuando ocurren cosas malas, esto reafirma nuestra mentalidad de víctima: *¿Ves? ¡Quieren acabar conmigo! ¿Ves? ¡No es justo!*

CAPÍTULO 7 ——— ENTENDIMIENTO ⚷ CLAVE

La mentalidad de víctima es una explicación de por qué somos como somos, unida a la incapacidad.

El Costo del Culpar y la Mentalidad de Víctima

El peligro es que el culpar y la mentalidad de víctima tienen un costo.

• **Afecta a tus relaciones:** El hombre del estanque de Betesda estaba en medio de una multitud, pero estaba solo.

Cuando te esfuerzas tanto para no parecer tonto, te haces parecer tonto a ti mismo. Los demás empiezan a pensar: *"¿Nunca es culpa tuya?"*.

Causas fricciones innecesarias: La gente se ofende y las relaciones nunca son sanadas.

Efesios 4:32 NVS Sean amables y cariñosos unos con otros, y <u>perdónense unos a otros</u>, tal como Dios los perdonó en Cristo.

Agotas a los demás: La gente sólo puede escuchar tanto dolor y autocompasión antes de cansarse de oírlos. Entonces, por lo general, empiezan a evitar a los que se autocompadecen.

Los psicólogos sociales Carol Tavris y Elliot Aronson describen cómo la obsesión por nuestra propia virtud puede sofocar la vida del amor. Ellos escriben: La gran mayoría de las parejas que se separan lo hacen lentamente, a lo largo del tiempo, en un proceso de acusación y autojustificación. Cada cónyuge se centra en lo que el otro hace mal, al mismo tiempo que justifica sus propias preferencias, actitudes y formas de hacer las cosas. ... Por lo tanto, desde nuestro punto de vista, los malentendidos, los conflictos, las diferencias de personalidad e incluso las peleas violentas no son los asesinos del amor; lo es la autojustificación.

- **Te ciega ante las posibilidades de la vida:** El hombre del estanque de Betesda no se dio cuenta de que Dios en carne y hueso estaba delante de él. No podía verlo.

> *Juan 5:7 NTV "No puedo, señor", dijo el enfermo, "porque no tengo a nadie que me meta en el estanque cuando se agita el agua. Siempre alguien llega antes que yo".*

Responde a la oferta de ayuda de Dios con la historia: *Cuán malo ha sido, cuánto tiempo ha sido así, cuán injusto es, cuán imposible es poder cambiar.* El resultado es la esclavitud a los acontecimientos pasados y al dolor pasado. ¡El lleva 38 años atascado en la vida!

Steve Maraboli dijo: *"La mentalidad de víctima diluye el potencial humano. Al no aceptar la responsabilidad personal por nuestras circunstancias, reducimos enormemente nuestro poder para cambiarlas."*

- **Afecta a tu relación con Dios:** Ves a Dios como injusto.

> *Rut 1:20 NVI "No me llamen Noemí (agradable)", les dijo. "Llámenme Mara (amarga), porque el Todopoderoso me ha amargado mucho la vida.*

Dios no acepta nuestra culpa y la mentalidad de víctima.

> *Ezequiel 18:25 NVS Pero ustedes dicen: 'Lo que hace el Señor no es justo'. Escuchen, pueblo de Israel. Yo soy justo. Lo que ustedes hacen no es justo.*

Sanando el Culpar y la Mentalidad de Víctima

Dios quiere sanarnos y liberarnos del culpar y de la mentalidad de víctima. La historia de la sanidad del hombre en el estanque de Betesda es uno de los pocos milagros que Jesús inició. El hombre no le estaba pidiendo a Jesús un milagro - ¡Jesús le estaba ofreciendo un milagro! La lección es que Dios no quiere que nos quedemos como estamos.

> CAPÍTULO 7 —— **ENTENDIMIENTO** ⚷ **CLAVE**
> *Dios no quiere que nos quedemos como estamos.*

Mira el camino hacia la sanidad:

Tienes que decidir lo que quieres: *¡Dios te da ese poder!*

> *Juan 5:6 NVS Cuando Jesús lo vio tirado en el suelo, y se enteró de que ya tenía mucho tiempo de estar así, le preguntó: "¿Quieres quedar sano?"*

Dios te permitirá elegir: No quiero estar limitado por el miedo. Quiero tener relaciones sanas. Quiero que Dios use mi vida.

El poder de elegir implica creer a Dios.

> *Mateo 9:28 NVS Cuando hubo entrado, se le acercaron los ciegos y les preguntó: "¿Creen que soy capaz de hacer esto?". "Sí, Señor", le respondieron.*

Tienes que asumir tu responsabilidad:

- Responsabilidad significa que debemos arrepentirnos de nuestro orgullo: *A veces me equivoco. Me arrepiento.*

1 Pedro 5:6 NVI *Humíllense pues, bajo la poderosa mano de Dios, para que él os exalte a su debido tiempo.*

- Responsabilidad significa que debemos ser honestos sobre nuestra parte en los problemas de la vida:

Gálatas 6:5 NVS *Cada uno llevará su propia carga.*

Puede que te hayan rechazado y violado en la vida, pero tienes que ser lo bastante honesto para decir: *"Yo comparto un porcentaje de mis problemas. También he contribuido a mis propios problemas".*

- Responsabilidad significa que debemos romper la maldición de nuestras palabras.

Las víctimas rechazadas y que culpan, dicen cosas opuestas a la verdad de Dios. Esas palabras liberan una maldición: fuerzas espirituales negativas en nuestras vidas.

Proverbios 6:2 RVR1995 *Te has enredado con las palabras de tu boca;*

Puedes orar a Dios para romper las maldiciones de las palabras y declarar la bendición de Dios.

1 Crónicas 4:10 NVI *Jabes clamó al Dios de Israel: "¡Oh, que me bendigas y ensanches mi territorio! Que tu mano esté conmigo, y me libres de todo mal, para que no sufra yo ningún daño". Y Dios le concedió lo que pidió.*

Salmo 23:1-6 RVR1995 *El SEÑOR es mi pastor, Nada me faltará. 2 En lugares de verdes pastos me hace descansar; Junto a aguas de reposo me conduce. 3 Él restaura mi alma; Me* *guía por senderos de justicia Por amor de Su nombre. ⁴ Aunque pase por el valle de sombra de muerte, No temeré mal alguno, porque Tú estás conmigo; Tu vara y Tu cayado me infunden aliento. ⁵ Tú preparas mesa delante de mí en presencia de mis enemigos; Has ungido mi cabeza con aceite; Mi copa está rebosando. ⁶ Ciertamente el bien y la misericordia me seguirán todos los días de mi vida, Y en la casa del SEÑOR moraré por largos días.*

El Salmo del Pastor habla del cuidado y la provisión de Dios para nosotros en la vida. Cuatro promesas hermosas que se aplican a las personas que sufren del espíritu de rechazo:

1. Él restaura mi alma.
2. Él unge nuestras cabezas con aceite: ¡Él aplica sanidad a nuestras cabezas - nuestras mentes!
3. La bondad y la misericordia nos seguirán en la vida.
4. Moraremos en la casa del Señor para siempre: Dios estará siempre con nosotros en la vida y en la muerte.

El hombre que antes habíamos mencionado, que culpaba a los demás de su enfermedad, decidió confiar en la palabra de Jesús y hacer algo para ser sanado.

Juan 5:8-9 RVR1995 *Jesús le dijo: Levántate, toma tu camilla y anda. ⁹ Al instante aquel hombre fue sanado, y tomó su camilla y anduvo. Era sábado aquel día.*

Tú puedes hacer la misma decisión hoy, y Jesús te dará el poder milagroso para sanarte del rechazo, el culpar a otros y la mentalidad de víctima.

El pastor Fred Craddock y su esposa estaban de vacaciones en Gatlinburg, Tennessee. Una noche, encontraron un pequeño y tranquilo restaurante donde esperaban disfrutar de una comida privada los dos solos. Mientras esperaban la comida, se fijaron en un hombre distinguido de pelo blanco que iba de mesa en mesa visitando a los invitados. Craddock esperaba en secreto que el hombre no llegara a su mesa, pero así fue.

Tras una breve introducción, el hombre de pelo blanco se sentó a la mesa de los Craddock y dijo: "Tengo una historia que contarles. Nací no muy lejos de aquí, al otro lado de las montañas. Mi madre no estaba casada cuando yo nací, así que la pasé muy difícil. Cuando empecé la escuela, mis compañeros tenían un nombre para mí, pero no era muy bonito. Me iba solo en el recreo y a la hora de comer porque las burlas de mis compañeros me cortaban profundamente. Lo peor era ir al centro los sábados por la tarde y sentir que todos los ojos te quemaban. Todos se preguntaban quién era mi verdadero padre".

"Cuando tenía unos doce años, llegó un nuevo predicador a nuestra iglesia. Yo siempre entraba tarde y salía temprano. Pero un día, el predicador dijo la bendición tan rápido que me sorprendió y tuve que salir con la gente. Sentía que todos los ojos de la iglesia me miraban. Justo cuando llegué a la puerta, sentí una mano grande en mi hombro. Levanté la vista y el predicador me estaba mirando. ¿Quién eres, hijo? ¿De quién eres hijo?", me preguntó el predicador. "Sentí que el antiguo peso venía sobre mí. Era como una gran nube negra. Incluso el predicador me menospreciaba. Pero mientras me miraba, estudiando mi cara, empezó a sonreír con una gran sonrisa de reconocimiento. Un momento -dijo-, sé quién eres. Veo el semejanza familiar. Eres... un hijo de Dios'". Luego dijo: 'Ahora, ve y reclama tu herencia'. Aquel día salí de la iglesia convertido en una persona diferente", afirma el anciano. "De hecho, ese fue el principio de mi vida".

Ben Hooper, ex Gobernador de Tennessee, miró a Fred Craddock al otro lado de la mesa y le dijo: "Eso fue lo más importante que alguien me ha dicho en la vida". Luego sonrió, estrechó la mano de Craddock y de su esposa y se fue a otra mesa a saludar a viejos amigos.

Testimonio: Mi madre y yo teníamos una relación difícil. Al ser el primogénito, naturalmente yo estaba sometido a normas más estrictas. Ella hacía lo mejor que sabía. Sin embargo, a medida que crecía, tenía una visión muy insegura de la vida. Sentía que nunca podría hacer lo suficiente. Veía las cosas incorrectamente a través de ojos de rechazo y lentes de reclamación. Era constantemente duro conmigo mismo. Aunque estaba en un excelente hogar temeroso de Dios, permití que el rechazo se convirtiera en amargura. A medida que crecía, interpretaba todo al 100% como un golpe personal o una ofensa.

Cuando cumplí dieciocho años, tuve mi primera experiencia genuina de conversión. Fui perdonado, pero aún guardaba el enojo de todos los agravios que sentí por la relación con mi madre. Me preocupaba mucho cómo me veía la gente. Quería restaurar la situación, pero no sabía cómo. Mi orgullo y mi amargura se interponían en mi camino. El temor al rechazo impedía la relación que siempre había soñado.

Luego, fuimos enviados al ministerio. Muchas veces me encontraba tratando de justificar los sentimientos de dolor y amargura con los que vivía. Esto me estaba matando espiritualmente. Mi mente estaba consumida por esto. Funcionábamos, pero había una tensión constante y nunca una relación plena y amorosa.

Finalmente, el Pastor Greg me llamó, y reconociendo los problemas destructivos en mi corazón, me confrontó y trató conmigo. Fue entonces cuando por fin vi la destrucción absoluta que mi rechazo estaba causando. Empecé a clamar a Dios; lloré durante dos días y busqué sanidad. Me arrepentí del odio y la amargura; entonces supe lo que debía hacer. Me puse en contacto con mi madre. Ella se sorprendió; básicamente la había excluido de mi vida. Mientras hablábamos, le pedí que me perdonara por la forma en que la había tratado; ella hizo lo mismo, y comenzó la sanidad.

Recuerdo que la experiencia más poderosa fue enviar un mensaje de texto con las palabras "La solución por la que estoy orando, que se borren años de heridas y dolor". En el instante en que presioné 'enviar', me eché a llorar. Sentí que Dios tomó mi corazón de piedra y puso en mí un corazón de carne. Por fin tuve la relación y la sanidad que siempre había deseado.

Hoy, esta sanidad cambió completamente la relación con mi madre, pero también cambió las relaciones con todos los demás. Puedo realmente sentir el amor de Dios que antes estaba limitado por lo que yo había creado en mi rechazo. Mi única queja es que debería haberlo hecho antes. Sin embargo, ahora camino en libertad.

Greg Mitchell
Oración - Capítulo 7

Oración: Algunos de ustedes ahora leyendo o escuchando Dios les ha revelado que han vivido usando la culpa o asumiendo una mentalidad de víctima, y necesitan ser liberados. Así que voy a orar por ti.

Dios, ahora mismo hay personas que han usado la culpa toda su vida constantemente, Dios, porque son incapaces de lidiar con su propio rechazo. Siempre han intentado transferir la responsabilidad a otras personas. Eso no funciona, les está haciendo daño. Hay personas que viven en la autocompasión. Han adoptado la identidad de una víctima. Han perdido la confianza, no tienen fe porque ven la vida como una víctima. Eso no es verdad. Necesito que llegues a sus corazones. Dios, haz un milagro ahora mismo. Permíteles asumir la responsabilidad de forma saludable. Dios, haz que vean que no son víctimas, sino que Tú eres capaz de ayudarlos en cada situación de la vida. Haz un milagro. Cuando ellos tomen responsabilidad y escojan creerte, Tu harás un milagro de sanidad en el nombre de Jesús. Amén.

Capítulo 8 El Rechazo y El Miedo al Rechazo

"¿Qué hago aquí?", pensó. Miró a las demás personas en la fiesta. Algunos ya estaban borrachos y actuaban como tontos. Ella odiaba el alcohol. Había visto lo que les hizo a sus padres, que eran alcohólicos. De pequeña, juró que nunca bebería alcohol. Pero el chico guapo y popular de su clase llevaba tiempo pidiéndole que fuera a una fiesta. Ella no quería ir, pero odiaba que él se burlara de ella diciéndole: *"¿Qué te pasa? ¿Eres demasiado buena para ir de fiesta?"*. Finalmente aceptó ir, pero pensó: *"Iré, pero no beberé"*. No había podido dormir en los días previos a la fiesta. Estaba atormentada por la idea de volverse como sus padres, pero aún más atormentada por la idea de lo que los otros chicos de la clase pensarían de ella si no bebía. Pero cuando llegó a la fiesta, la gente empezó a ofrecerle bebidas. Al principio, ella se negó y encontró algo sin alcohol para beber. Pero el chico que la invitó siguió insistiéndole para que se tomara una cerveza. Cuando le dijo: *"A nadie le gustan las chicas aburridas a las que no les gusta divertirse"*, se sintió mal por dentro. Se imaginaba a la gente riéndose de ella el lunes en el colegio. Así que tomó una cerveza y empezó a beber.

El Miedo al Rechazo

Hay dos factores dentro de nosotros que el enemigo utiliza contra nosotros:

Toda persona tiene una necesidad innata de aceptación: Dios nos hizo para ganar la aprobación de la gente

> *Génesis 2:18 NVI El Señor Dios dijo: "No es bueno que el hombre esté solo. Le haré una ayuda idónea para él".*

En un mundo perfecto eso empezaría con padres cariñosos y continuaría en la vida con relaciones piadosas.

Las personas rechazadas tienen emociones negativas ligadas a sus eventos de rechazo: Las dos emociones negativas más comunes derivadas del rechazo son el **dolor** y la **vergüenza**.

Salmo 109:22 NVI Pues soy pobre y necesitado, Y mi corazón está herido dentro de mí.
2 Samuel 13:13 RVR1995 Y yo, ¿A dónde iría yo con mi vergüenza?

Entonces, se libera un espíritu de miedo en nuestras vidas: *el miedo al rechazo.* Una persona rechazada dice: *"No quiero volver a sentirme así".* No quieren sentir dolor, vergüenza, pena, inutilidad, confusión... ni ninguna otra emoción negativa.

CAPÍTULO 8 — ENTENDIMIENTO CLAVE

Tenemos miedo de que la gente no nos acepte, y tenemos miedo de que nos rechacen.

Como las personas estuvieron involucradas en nuestro rechazo, a menudo centramos nuestro miedo al rechazo en las personas. Pensamos: *"Quiero que la gente me acepte y no quiero que la gente me rechace".* Por eso empezamos a tener miedo de la gente: **Tenemos miedo que no nos acepten y que nos rechacen.**

Proverbios 29:25 RVR1995 El miedo del hombre trae una trampa, Pero quien confía en el Señor estará seguro.

- El miedo al hombre es un miedo a lo que los demás pensarán de nosotros.

- El miedo al hombre es un miedo a lo que otras personas nos dirán o nos harán.
- El miedo al hombre es un miedo a lo que otras personas <u>no</u> nos dirán o <u>no</u> harán por nosotros.

El miedo al hombre, o el miedo al rechazo nos hace querer agradar a la gente. **Tratamos de complacer a la gente para evitar que nos rechacen.**

CAPÍTULO 8 — **ENTENDIMIENTO** **CLAVE**

Tratamos de complacer a la gente para evitar que nos rechacen.

El miedo al rechazo puede manifestarse de muchas maneras:

- **El miedo al rechazo puede llevarnos a violar nuestra conciencia.**

> *Juan 19:12-13 NVI Desde entonces Pilato procuraba ponerlo en libertad; pero los judíos gritaban y decían: "Si dejas libre a éste Hombre, no eres amigo del César. Todo el que a sí mismo se hace rey, se opone al César ". ¹³Al oír esto, Pilato llevó a Jesús afuera y se sentó en el tribunal, en el lugar conocido como el Enlosado, que en hebreo es Gabata.*

- **El miedo al rechazo puede hacernos tomar decisiones equivocadas o pecar**

> *1 Samuel 15:24 RVR1995 Entonces Saúl dijo a Samuel: "He pecado, pues he desobedecido el mandamiento del Señor y tus palabras, porque temí al pueblo y obedecí su voz.*

El miedo al rechazo hace que la gente fume, beba, consuma drogas, tenga relaciones sexuales con otras personas, robe, cometa delitos - y cualquier otro pecado o acción equivocada. Con frecuencia, las personas que hicieron estas cosas en realidad no querían hacerlas, pero el miedo al rechazo las presionó para hacerlas.

- **El miedo al rechazo puede hacernos negar a Dios.**

Mateo 10:33 RVR1995 Pero a cualquiera que me niegue delante de los hombres, yo también lo negaré delante de mi Padre que está en los cielos.

- **El miedo al rechazo puede hacer que seamos incapaces de ser sinceros.**

Las personas con problemas o necesidades no piden ayuda porque les atormenta el pensamiento: "*¿Qué pensarán de mí?*".

A veces la gente miente sobre su pecado o encubre su pecado. Su razonamiento es: *"No quería decepcionarte"*.

- **El miedo al rechazo puede hacer que seamos incapaces de decir que no.**

Todos nos encontramos con personas que quieren que hagamos lo que ellos quieren. A veces, no queremos, pero el miedo al rechazo nos impide decir que no. Nos piden ayuda o dinero. No tenemos tiempo ni nos alcanza el dinero, pero no podemos decir que no. A las personas rechazadas les cuesta decir que no a los vendedores, así que compran cosas que no quieren y que no pueden tenerlas.

El Daño del Miedo al Rechazo

La Biblia dice que el miedo al rechazo es una <u>trampa</u>.

> **Proverbios 29:25 RVR1995** *El miedo del hombre trae una trampa, Pero quien confía en el Señor estará seguro.*

- El que está atrapado tiene su vida determinada por el que lo atrapó.
- El atrapado está atascado: *No progresa en la vida.*

Fíjate en algunos de los daños causados por el miedo al rechazo:

- **A menudo somos infelices:** Hacemos cosas que no queremos hacer, lo que produce resentimiento en nosotros.
- **Podemos ser culpables:** Porque sabemos que estamos haciendo mal. Al hacer lo que otros quieren, estamos violando la palabra de Dios y nuestra conciencia.

Para las personas con miedo al rechazo, servir a Dios e ir a la iglesia es un tormento: *¡No encajamos con la gente que no es salva ni nos sentimos bien con la gente salva!*

- **Nos cuesta mucho mantener las relaciones y tenemos problemas de pareja:**
  Nos sentimos manipulados y utilizados por las personas a las que no podemos decir que no.
  - Empezamos a resentirnos con ellos.
  - Empezamos a evitarlos: Los evitamos porque no podemos ser honestos con nuestros sentimientos.

- **Podemos involucrarnos en el pecado y hacer el mal**:
  Acabamos haciéndonos daño a nosotros mismos y a nuestra relación con Dios.

Mateo 10:33 RVR1960 *Pero a cualquiera que me niegue delante de los hombres, yo también lo negaré delante de mi Padre que está en los cielos.*

Complacer al hombre es **idolatría**: Estás adorando la opinión de alguien más que a Dios Todopoderoso.

Éxodo 20:3 RVR1995 *"No tendrás dioses ajenos delante de Mí.*

Podemos perder nuestras almas.

Mateo 10:28 RVR1995 *No teman a los que matan el cuerpo, pero no pueden matar el alma. Teman más bien a aquel que puede destruir el alma y el cuerpo en el infierno.*

Edward Welch dijo: *"¿Cuál es el resultado de... la idolatría hacia las personas? Como en toda idolatría, el ídolo que elegimos adorar pronto nos posee. El objeto que tememos nos vence. Aunque insignificante en sí mismo, el ídolo se hace enorme y nos domina. Nos dice cómo pensar, qué sentir y cómo actuar. Nos dice qué vestir, nos dice que nos riamos con el chiste indecente y nos dice que estemos muertos de miedo por si nos ponemos delante de un grupo y decimos algo. Toda la estrategia resulta ser un error. Nunca esperamos que utilizar a la gente para satisfacer nuestros deseos nos esclavice a ellos".*

Sanando el Miedo al Rechazo

Para ser sanos espiritual y emocionalmente, necesitamos liberarnos de la trampa de complacer al hombre: El miedo al rechazo.

Necesitamos ser sanados de las heridas del rechazo.

Lucas 4:18 RVR1995 *"El Espíritu del Señor está sobre mí, por cuanto me ha ungido para dar buenas nuevas a los pobres; me ha enviado a sanar a los quebrantados de corazón, a pregonar libertad a los cautivos y vista a los ciegos, a poner en libertad a los oprimidos;*

Observa en esta escritura que la sanidad viene antes de la libertad. La sanidad produce libertad.

Tenemos que arrepentirnos de la idolatría: Si hemos hecho ídolos de la gente, debemos arrepentirnos.

Génesis 35:2 RVR1995 *Y Jacob dijo a su familia y a todos los que estaban con él: "Deshágatse de los dioses ajenos que hay entre ustedes; purifíquense y cámbiense de ropa."*

Tenemos que confiar en Dios.

Proverbios 29:25 RVR1995 *El miedo del hombre trae una trampa, Pero quien confía en el Señor estará seguro.*

Debemos confiar en la opinión de Dios sobre nuestro valor.
Debemos confiar en que nuestra vida y nuestro futuro están en las manos de Dios.

Daniel 3:17-18 RVR1995 *Si es así, nuestro Dios, a quien servimos, puede librarnos del horno de fuego ardiente, y nos librará de tu mano, oh rey. [18]Pero si no, has de saber, oh rey, que no serviremos a tus dioses, ni adoraremos la estatua de oro que has levantado."*

La Obra de Dios

Elegir liberarse de complacer al Hombre es lo que hace que Dios trabaje en nuestro favor.

Proverbios 29:25 RVR1995 El miedo del hombre trae una trampa, Pero quien confía en el Señor estará seguro.

Seguro: Significa que estaremos protegidos del pecado y de las malas decisiones.

Mateo 10:32-33 RVR1995 "A cualquiera que me confiese delante de los hombres, yo también le confesaré delante de mi Padre que está en los cielos. ³³Pero a cualquiera que me niegue delante de los hombres, yo también lo negaré delante de mi Padre que está en los cielos."

Daniel 3:24-25 RVR1995 Entonces el rey Nabucodonosor se espantó; se levantó apresuradamente y dijo a sus consejeros: "¿No echamos a tres hombres atados dentro del fuego?". Ellos respondieron al rey: "Es verdad, oh rey". ²⁵"¡Miren!", respondió él, "Yo veo a cuatro hombres sueltos, que se pasean en medio del fuego sin sufrir ningún daño, y el aspecto del cuarto es semejante al del Hijo de Dios."

Dios obró poderosamente por aquellos que no permitieron que la complacencia de los hombres y el temor al rechazo comprometieran su fe. Sin duda, Él será el cuarto hombre de fuego en nuestras vidas. No estás solo en las pruebas de la vida.

Testimonio: Al crecer fui rechazada física, mental, emocional y espiritualmente. Crecí en un hogar muy religioso lleno de muchos seres demoníacos. Crecí viendo a todos a través de una lente de traición, decepción y dolor. No confiaba en nadie, especialmente en los hombres. Crecí odiando a mis padres y veía a aquellos con autoridad como personas que sólo te defraudaban.

Le entregué mi vida a Jesús a los dieciocho años y enseguida vi que la gente a mi alrededor me decepcionaba. Mi familia abandonó la Iglesia. Hubo malas relaciones que no dieron resultado. Aunque Jesús había hecho un gran milagro en mi corazón y en mi vida, todavía me aferraba al rechazo. Escuchaba sermones y me sentía tan convencida, pero no sabía cómo cambiar. Con el paso de los años, perdí muchas relaciones y amistades. Veía que la gente a mi alrededor no quería estar conmigo por una razón u otra. Siempre pensé que eran ellos los que tenían el problema, no yo. Me veía a mí misma como la víctima.

Fuimos enviados como Pastores y ya estábamos en el campo por algunos años cuando el Pastor Greg empezó la serie sobre el rechazo. Empecé a verla con grandes intenciones de estar abierta al cambio y queriendo un milagro de Dios. Pensé que Dios me había ayudado, hasta que unos años después fuimos enviados como misioneros y en el campo misionero las cosas se magnifican mucho más. Comencé a caer en viejos hábitos, mentalidades y actitudes. Por años tuve problemas con mi familia, no confiaba en mi Pastor, y me costaba ver el amor de Dios por mí.

Llegue a un punto donde fui confrontada acerca de mis actitudes y acciones. Estaba a punto de perderlo todo si Dios no hacia un milagro. Volví a ver la serie sobre el rechazo del Pastor Greg y esta vez leí un libro sobre el rechazo. Clamé a Dios, pidiendo un milagro en mí. Un milagro en mi corazón, en mi mente y en mi vida. Pedí perdón a aquellos a quienes había herido, y a Dios mismo. Y Dios lo hizo.

Él ha hecho un gran milagro en mi vida. Él ha restaurado mis relaciones; especialmente con un miembro de mi familia que no nos hablábamos por más de veinticuatro años. Ahora estamos muy unidos, hablamos por teléfono casi todos los días, y hasta nos decimos que nos amamos. Dios se ha movido en la relación con mi pastor. Me ha ayudado a ver lo mucho que me quiere y me cuida. Ahora veo el amor de Dios a través de una lente totalmente diferente. Puedo procesar las cosas de la vida a través de la lente de Dios en lugar de la lente del rechazo. Él ha corregido mis lentes espirituales y ahora puedo recibir las cosas de Él y de los demás como fueron intencionadas.

Se de donde viene mi aceptación. Soy una hija del Rey y estoy muy agradecida por su fidelidad y amor. Gracias, Pastor Greg, por su fidelidad y por obedecer a Dios en su palabra y tratar con los asuntos que necesitaban ser tratados.

La vida seguirá siendo dura y tendrá sus altibajos, pero Dios ha renovado mi corazón y mi aprecio. Veo la vida tan diferente ahora y puedo ver que la maldición del rechazo se ha roto de mi vida y de mi familia. Yo había construido un muro hasta el cielo y me preguntaba por qué no estaba recibiendo avances. Ahora la pared ha sido derrumbada y el aceite puede fluir.

El rechazo es una fortaleza demoníaca; estoy muy agradecida de haber sido liberada.

Greg Mitchell
Oración - Capítulo 8

Oración: Ahora que has leído o escuchado este capítulo, has visto que el miedo al rechazo es la obra del infierno que se ha producido en tu vida, y quiero orar por ti. Dios, hay personas que, debido a las heridas del pasado, han tenido miedo de ser rechazadas de nuevo. Esto les ha afectado en todas las áreas de su vida. Algunas de ellas están dominadas por el miedo a lo que los demás puedan pensar de ellas. Esto les ha hecho tomar decisiones que no están basadas en Tu voluntad, sino basadas en el miedo, para asegurarse de que nunca vuelvan a ser rechazados. Esa es una obra del Infierno y yo la rechazo. Dios libéralos de ese miedo. Lo expulso de sus vidas. Del temor al hombre, Dios, nos arrepentimos. Hemos hecho ídolos de la gente y eso está mal.

Nos arrepentimos, y te pido que hagas que la gente ahora vea las cosas con claridad. Que el miedo ya no los domine. Vas a hacer una obra de liberación. En vez de miedo, dales confianza, poder, amor, y una mente sana. Esa es su porción. Y te doy gracias por lo que vas a hacer. En el nombre de Jesús. Amén.

Capítulo 9 El Rechazo y El Matrimonio

"¿Adónde se fue nuestro amor?", preguntó, con lágrimas corriéndole por las mejillas. Miró los trozos rotos del plato que ella le había tirado y el agujero en la pared que él había hecho en señal de frustración. Pensó: *"Estábamos tan enamorados, pero ahora parece que todo lo que hacemos es pasar el tiempo dando vueltas en círculos, peleándonos por todo. Peleando por nada"*. Él ni siquiera recordaba cómo había empezado la pelea. Pensó que él hizo un comentario que la ofendió, y ella dijo palabras de odio de las que luego se arrepentiría. En medio de la pelea, ella le gritó: *"¡Eres igual que mi padre!"* y él gritó su respuesta: *"¡Y tú eres igual que mi madre!"*. No eran buenas comparaciones para ninguno de los dos, pero sospechaban que podía ser cierto. Ambos sabían que no podían seguir así, pero lo triste es que ninguno de los dos tenía ni idea de cómo cambiar.

En 2 Samuel, vemos un ejemplo verdadero de cómo funciona el rechazo en el matrimonio. Las personas rechazadas a menudo traen sus problemas de rechazo al matrimonio.

2 Samuel 6:16, 20-23 NVI *16Cuando el arca del SEÑOR entraba a la Ciudad de David, Mical, hija de Saúl, se asomó por la ventana. Cuando vio que el rey David saltaba y danzaba ante el SEÑOR, lo despreció en su corazón.*
2 Samuel 6:20-23 NVI *20 Cuando David volvió a su casa para bendecir a su familia, Mical hija de Saúl salió a su encuentro y le dijo: "¡Qué distinguido se ha visto hoy el rey de Israel desnudándose a la vista de las esclavas de sus siervos como lo haría cualquier*

Traemos nuestros problemas de rechazo al matrimonio.

vulgar!". 21David dijo a Mical: "Fue ante el Señor, quien en vez de escoger a tu padre o a cualquier otro de su familia, me escogió a mí y me nombró gobernante del pueblo del Señor, Israel; lo celebraré ante el Señor. 22Me volveré aún más indigno que esto, y seré humillado ante mis propios ojos. Pero esas mismas esclavas de quienes hablas me rendirán honores". 23Y Mical hija de Saúl no tuvo hijos hasta el día de su muerte.

Equipaje de Rechazo

Para entender la importancia de la historia del matrimonio de David y su esposa Mical, necesitamos ver el trasfondo de esta mujer, Mical. Su historia es una vida llena de rechazo.

- **Su padre la utilizó:** Él no vio ningún valor en ella, excepto como una <u>herramienta</u> para sus propios fines. Él se la ofrece a David como una especie de trofeo de vencedor. Más tarde, intenta utilizarla para que maten a su propio marido.
- **Su padre la rechaza porque ayudó a su marido:** Cuando ella no ayuda a su padre a capturar a su marido, sino que ayuda a David a escapar, su padre la entrega a otro hombre. Esto fue para fastidiar a David. Una vez más, ella es una herramienta para ser usada contra los enemigos de su Padre.
- **Ahora se ve obligada a competir con otras seis mujeres por la atención de David**: Sin duda, eso afectaría su autoestima: *No soy lo suficientemente buena para mi marido...*

El rechazo altera tu forma de ver las cosas en la vida.

Pero su historia muestra un problema universal de muchos matrimonios: **Traemos nuestros problemas de rechazo al matrimonio.**

El rechazo es una opinión de valor: *Alguien transmite el mensaje de que otra persona no tiene valor o tiene menos valor.*

• Podemos oír mensajes generales de rechazo dirigidos a muchas personas: Puede tratarse de declaraciones como: *"Todos los hombres son unos cerdos" o "Nunca confíes en una mujer".*
• O podemos oír mensajes de rechazo específicos dirigidos personalmente a nosotros: Puede tratarse de declaraciones como *"Eres un estúpido", "No vales nada" o "Tu hermana o hermano es mucho mejor que tú".*

Mical tuvo estos mensajes dirigidos a ella: Ella aprendió de su Padre que, *"Los hombres son cerdos y no se puede confiar en ellos. Los hombres te usarán".* De su esposo, recibió el mensaje: *"No soy lo suficientemente buena".*

Lo importante es que el rechazo altera tu forma de ver las cosas en la vida.

2 Samuel 6:16 NVI Cuando el arca del SEÑOR entraba a la Ciudad de David, Mical, hija de Saúl, se asomó por la ventana. Cuando vio que el rey David saltaba y danzaba ante el SEÑOR, lo despreció en su corazón.

Para los hombres: *El rechazo altera su visión de las mujeres.* Para las mujeres: *Su visión de los hombres puede verse alterada por el rechazo.*

Algunas personas tienen un espíritu de temor puesto en ellos por ver el matrimonio disfuncional de sus padres.

Cuando los hijos ven el conflicto, el dolor y el caos del matrimonio de sus padres, una reacción natural contra eso es construir <u>muros</u> para protegerse. No queremos conflictos, ni dolor y tampoco caos.

- El muro de protección de algunos es decir: *"Nunca me casaré".*
- Otros construyen muros en su matrimonio. Dicen: *"Me aseguraré de que nunca me hagas daño ni me hagas sentir como cuando era pequeña".*

Vemos a nuestro cónyuge a través de la lente de cómo nos vemos a nosotros mismos.

Dios te hizo para que tuvieras valor y dignidad. Se supone que esto viene primero y principalmente de tu relación con Él.

Marcos 12:31 NVS El segundo mandamiento es este: 'Ama a tu prójimo <u>como a ti mismo</u>'.

Esta escritura nos muestra un punto principal en las relaciones: Si no te amas a ti mismo (de una manera sana) o no crees que tienes valor o que vales, no podrás soportar que alguien te ame más de lo que tú te amas a ti mismo. He aconsejado a personas que tienen graves problemas de rechazo en sus vidas. Cuando su cónyuge les dice *"Te amo",* uno piensa que su reacción sería: *¡Eso es maravilloso! ¡Alabado sea Dios!* En cambio, responden con un desconcertado *"¿Por qué?".*

Las personas con problemas de rechazo no sanados intentan sabotear sus relaciones amorosas. La forma más fácil de hacerlo es pelearse con su cónyuge:

> *2 Samuel 6:20 NTV   Cuando David regresó a su casa para bendecir a su propia familia, Mical, la hija de Saúl, salió a su encuentro y le dijo disgustada: "¡Qué distinguido se veía hoy el rey de Israel, exhibiéndose descaradamente delante de las sirvientas como lo haría cualquier persona vulgar!"*

Las personas rechazadas no tienen conversaciones razonables sobre los temas que les molestan. Se pelean y atacan nuestro valor; *"Eres estúpido, no vales para nada, eres feo, eres un inútil".*

De un modo extraño, ¡intentamos recrear el rechazo que experimentamos en casa! La gente empuja o ataca a sus cónyuges hasta que son rechazados por ellos, *¡porque coincide con lo que sienten por sí mismos!*

El rechazo retuerce la comunicación.

A menudo hablamos desde un punto de dolor: El viejo dicho: *"Gente herida - hiere (hace daño) a otros".*

> *2 Samuel 6:20 NTV Cuando David regresó a su casa para bendecir a su propia familia, Mical, la hija de Saúl, salió a su encuentro y le dijo disgustada: "¡Qué distinguido se veía hoy el rey de Israel, exhibiéndose descaradamente delante de las sirvientas como lo haría cualquier persona vulgar!"*

En cambio, también escuchamos desde un punto de dolor: *Las personas rechazadas filtran e interpretan lo que oyen a través de su rechazo.*

- Las mujeres oyen a sus maridos decir: *"Estás preciosa"*. Pero su reacción es: *"No lo dices en serio. Sólo lo dices porque tienes que decirlo"*.
- Los hombres pueden oír a sus esposas hablar de casi cualquier tema: *"No pagaste una cuenta"* o *"Te olvidaste de sacar la basura"*. Pero su reacción es: *"¿Así que piensas que soy estúpido?"*.

El resultado es que las parejas <u>no</u> se comunican por estar heridas: No saben cómo comunicarse o tienen miedo de hacerlo.

La amargura envenena las relaciones:

Hebreos 12:15 NTV Cuídense de que no crezca una raíz venenosa de amargura que los perturbe, contaminando a muchos.

Cuando hemos sido heridos o violados por el rechazo de otras personas, una reacción común es aferrarnos a la ira y a las violaciones hacia quienes nos rechazaron. Usualmente traemos nuestra amargura a cada nueva relación. Y como dice el libro de Hebreos, esto contamina, daña o arruina la relación.

Piensa en esto: **Puede que en realidad no te estés peleando con quien te estás peleando ahora mismo.**

Las parejas se pelean y uno de los cónyuges dice: *"¡Eres igual que mi padre! Eres igual que mi ex-esposa o mi ex-marido"*.

Daños del Rechazo

Mira cómo el rechazo afecta a tu matrimonio:

El rechazo afecta a tu punto de vista:

Ves las cosas de un modo retorcido. Mical vio a su marido disfrutando, pero su reacción fue: *"¡Te has puesto en ridículo y has actuado como un pervertido!"*.

Tito 1:15 RVR1995 *...pero para los corrompidos e incrédulos nada hay puro, pues hasta su mente y su conciencia están corrompidas.*

Los maridos o esposas rechazados no pueden disfrutar de lo que es bueno o de lo que su cónyuge está haciendo bien; sólo pueden ver lo malo y lo que están haciendo mal.

Cuando aconsejo a matrimonios, a veces pregunto a cada cónyuge: *"¿Puedes decirme algo bueno de tu cónyuge?"*. Por desgracia, algunos cónyuges me han respondido: *"¡Nada!"*. Mi respuesta es: *"¡Vaya! Entonces, lamentablemente, si sigues viendo las cosas así, no permanecerás casado"*.

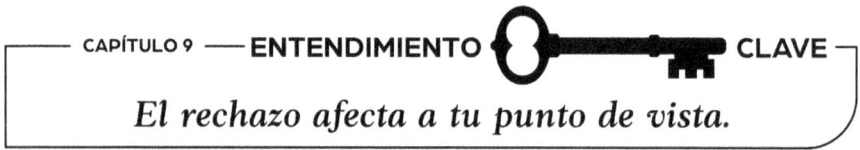

CAPÍTULO 9 — **ENTENDIMIENTO** 🔑 **CLAVE**

El rechazo afecta a tu punto de vista.

El rechazo puede matar el amor:

La tragedia de Mical es que el amor murió.

1 Samuel 18:20 NTV *...la hija de Saúl, Mical, se había enamorado de David*

Pero entonces sus problemas con el rechazo la llevaron a atacar y destruir su amor por él.

Proverbios 14:1 NVI *La mujer sabia edifica su hogar, pero la necia con sus propias manos lo destruye.*

Cuando la gente dice: *"Ya no estamos enamorados"*, *¡eso no ocurre porque sí!* Las parejas se desenamoran cuando se atacan y recrean el dolor del pasado. Se desenamoran cuando no se dan el amor necesario. Se desenamoran cuando estrangulan su amor hasta la muerte.

El rechazo bloquea la bendición: En la historia que leímos, David estaba en camino para bendecir a su familia. Todos en la casa deberían haber recibido los beneficios. Pero Mical detuvo la bendición en la puerta, y *¡David no entró a la fuerza!* La lección es que no **se puede ser bendecido y estar amargado.**

> *Mateo 18:35 NVS* *"Eso es lo que mi Padre celestial hará con ustedes si se niegan a perdonar de corazón a sus hermanos y hermanas."*
> La bendición que el Rey quería dar al siervo, no se la dio - por la falta de perdón del siervo.

> La amargura nos separa del amor y del favor de Dios. Por eso algunas oraciones quedan sin respuesta: ¡La amargura causa bloqueo!

> *Marcos 11:24-25 NVI* *Por eso les digo: Crean que ya han recibido todo lo que estén pidiendo en oración y lo obtendrán. 25 Y cuando estén orando, si tienen algo contra alguien, perdónenlo, para que también su Padre que está en el cielo perdone a ustedes sus pecados".*

El rechazo afecta a nuestro fruto: *2 Samuel 6:23 NVI Y Mical, hija de Saúl, no tuvo ya hijos hasta el día de su muerte.*

- Nuestra fecundidad espiritual puede bloquearse: *Esto se refiere a nuestra capacidad de ganar almas.*
- También podemos dañar nuestra fecundidad física: *Esto significa que podemos hacer daño a nuestros hijos.*

El pasado puede convertirse en la base de las bendiciones futuras.

Eligiendo Un Final Diferente

Lamentablemente, no hubo un final feliz para Mical: Nunca se sanó de su amargura. La Biblia dice en: *2 Samuel 6:23 NVI Y Mical, hija de Saúl, no tuvo ya hijos hasta el día de su muerte.*

Pero David es un contraste con su esposa Mical: *¡David también fue rechazado y abusado en la vida!*

- Su propio Padre despreció a David: Cuando Samuel le dijo al Padre de David que reuniera a sus hijos para una ceremonia especial, su Padre ni siquiera trajo a David porque no veía potencial en él.
- Él fue acusado falsamente por su hermano.
- El rey Saúl fue desagradecido con David después que él arriesgó su vida para ayudarlo.
- Él fue calumniado, confrontado y atacado por Saúl. Saúl lo separó de su mujer, y ésta fue entregada a otro hombre.

Esto es lo que me asombra de la vida: Veo a personas con las mismas circunstancias en su pasado, pero terminan con corazones completamente diferentes y resultados totalmente distintos. Una persona se vuelve amargada, retorcida y prisionera emocionalmente, mientras que otra se vuelve mejor. De hecho, ¡su pasado se convierte en la base de las bendiciones futuras!

David tomó decisiones diferentes a las de Mical:

David llevó las violaciones de la vida a Dios:

David escribió muchos de los Salmos, que están llenos de oraciones sinceras. Le decía a Dios: *"Tú ves lo que está pasando. Tú ves lo que la gente me está haciendo. No sé si voy a poder"*.

Debes enfrentar el rechazo y las violaciones de la vida mediante el perdón:

Elijo dejarlo ir y dejárselo a Dios. *"Dios, necesito tu ayuda para lidiar con lo que siento por lo que me ha pasado"*.

Job 42:10 NVI *Después de haber orado Job por sus amigos, el SEÑOR lo hizo prosperar de nuevo y le dio dos veces más de lo que antes tenía.*

David encontró su verdadero valor en Dios:

Salmo 8:4-5 NVI *4Me pregunto: ¿Qué es el hombre para que en él pienses? ¿Qué es el hijo del hombre para que lo tomes en cuenta?. 5 Lo hiciste poco menor que los ángeles y lo coronaste de gloria y de honra.*

Salmo 139:14 NVS *Te alabo porque soy una creación maravillosa y admirable; Tus obras son maravillosas, y esto lo sé muy bien.*

David buscaba ser una bendición para los demás:

2 Samuel 6:18-20 NVS *18Cuando David terminó de ofrecer los holocaustos y las ofrendas de reconciliación, bendijo al pueblo en el nombre del Señor Todopoderoso. 19David dio una hogaza de pan, un pastel de dátiles y un pastel de pasas a cada israelita, tanto hombres como mujeres. Luego todo el pueblo se fue a sus casas. 20David volvió a bendecir al pueblo en su casa...*

Dar para bendecir a los demás cuando estás sufriendo es una disciplina crucial que te permitirá sobrevivir a las violaciones en la vida.

Toma la decisión de bendecir a los demás, especialmente a tu cónyuge.

Testimonio: Dos semanas después de casarnos, los padres de mi esposo se divorciaron. Al mismo tiempo que me contó del divorcio de sus padres, me dijo que nunca debió haberse casado conmigo. Mi marido me rechazó, igual que su padre lo rechazó a él. Hablaba de eso como si hubiera ocurrido ayer.

Mi marido me engañó repetidamente, sin tener en cuenta a Dios ni nuestro matrimonio. Tuve que lidiar con un corazón quebrantado, lidiar con la ira y luchar con la amargura. Le dije a Dios que mi esposo tenía que tomar una decisión para que nuestro matrimonio funcionara. Mi marido tomó una decisión. Quería irse.

El rechazo quería enredarme en mi personalidad, mente y corazón, para que yo respondiera con un profundo temor, tal como lo hizo en mi esposo. Después de dos décadas de rechazo como esposa no amada, mis acciones fluían de mi rechazo. Quería dignidad, importar, tener valor. Intenté encontrar algo en lo que pudiera ser útil. Me involucré en todos los ministerios que pude en la iglesia. El orgullo ocupó el lugar del rechazo. Estaba creando mi valor, mi dignidad y la razón por la que importaba. No puse a mi familia en primer lugar, sino que di prioridad a las funciones de las mujeres en la iglesia. Más tarde, cuando mis hijos crecieron, se quejaron de mis prioridades. Yo estaba actuando; obrando para el Reino de Dios, pero con motivos y prioridades equivocados.

Mis decisiones en cuanto al dinero estaban arraigadas en el rechazo. Compraba cosas para mí y para mis hijos para sentirme bien, y mis gastos descontrolados se convirtieron en una obsesión.

Doy gracias a Dios por su paciencia y su fidelidad. El me reveló mi corazón lentamente con el tiempo. Cuando el Pastor Greg enseño la serie "Desarraigando el Rechazo", respondí al amor y dirección de Dios. Fue como revisar un archivo de cada mentalidad y comportamiento destructivo. Estaba harta de vivir con rechazo. Quería ser libre. No hui de la herida y el dolor del rechazo porque sabía que Jesús me amaba, y no estaba sola enfrentando la fea verdad. Dios mostró Su verdad para mi liberación. Oré: "Dios me ama. El rechazo no es mi porción. Es una mentira del infierno, y la Sangre de Jesús romperá su poder. Confiaré en Dios y haré Su Voluntad". Dios quería sanarme más que yo.

Cuando Dios me mostró Su amor, recibí sanidad y liberación. Dios ha cambiado mi corazón. Soy diferente en muchos aspectos. Soy libre.

Greg Mitchell
Oración - Capítulo 9

Oración: Ahora has visto que el rechazo afecta al matrimonio de manera profunda. Voy a orar para que Dios comience a ayudarte.

Dios, hay personas ahora mismo en su matrimonio que el rechazo está haciendo daño. Dios, algunos de ellos han traído su equipaje del pasado a esta relación, y les está haciendo daño. Dios, ellos están interpretando. Están viendo a su cónyuge de maneras que no son correctas debido al rechazo; Que su punto de vista está distorsionado. Que la comunicación ha sido dañada en su matrimonio. Ellos no son capaces de hablar claramente. Ellos no son capaces de escuchar correctamente, y eso los está lastimando. Dios trae sanidad a estos matrimonios. Como te estoy pidiendo, libéralos. Permíteles ver con claridad. Permíteles oír con claridad. Sánalos y permíteles deshacerse de cualquier cosa del pasado que esté trayendo daño en el presente. Dios, yo declaro bendiciones sobre cada matrimonio de las personas que están leyendo o escuchando. Haz un milagro. Dios, bendice su relación. Y luego permite que fluya de su matrimonio a todos con los que tengan contacto. En el nombre de Jesús. Amén.

Capítulo 10 El Rechazo y El Dinero

"Es como si me estuvieras engañando", dijo apretando los dientes, *"¡con una tarjeta de crédito!".* *"Solicitaste en secreto una nueva tarjeta de crédito sin decírmelo",* señaló con el brazo los paquetes amontonados sobre la mesa, *"¿para comprar más cosas? ¿Quieres arruinar nuestras finanzas a propósito?".* Alzó la voz y se le saltaron las lágrimas al responderle: *"¡Parece como si no me quisieras! Todo esto"* - con sus brazos señalando los paquetes- *"me hace sentir hermosa. ¿Preferirías que me sintiera fea e infeliz? ¿De qué sirve que nuestras finanzas estén perfectamente en orden... pero que seamos miserables?"*

El Dinero y Las Emociones

Es importante entender que el dinero no es sólo matemática. El dinero no es sólo necesidades y cuentas.

El dinero es emocional *El dinero está estrechamente relacionado con tus emociones.*

- **Tomamos decisiones sobre el dinero basadas en cómo nos sentimos por dentro:** Las emociones preexistentes en nosotros influyen en lo que hacemos con nuestro dinero.
- **El dinero nos hace sentir de determinadas maneras:** El dinero produce sentimientos. Gastar dinero produce ciertas emociones, y no gastar dinero nos hace sentir de ciertas maneras. Tener dinero de sobra produce ciertas emociones, y no tener suficiente dinero produce otros sentimientos.

Por tanto, **el rechazo afecta a nuestras emociones:** El rechazo no es sólo información. Cuando alguien nos dice que somos estúpidos o que no valemos nada, no nos limitamos a decir: "Ah, *Gracias por decírmelo"*. El rechazo causa dolor, confusión, incapacidad e ira. *Podemos llevar estas emociones bajo la superficie.*

Tus emociones afectan a tu punto de vista: <u>Ves</u> *las cosas en función de cómo* <u>te sientes</u>.

En este caso, **¡Las emociones afectan a la forma que ves el dinero!** Algunas preguntas básicas sobre el dinero que debemos responder en nuestra propia vida:

• ¿Para qué sirve el dinero?
• ¿Cómo se debe utilizar el dinero?

> *Proverbios 11:24-26 RVR1995 Hay quien reparte, pero aumenta más; Y hay quien retiene más de lo justo, Pero eso lleva a la pobreza. 25El alma generosa se enriquecerá, y el que riega también será regado. 26El pueblo maldecirá al que retiene el grano, pero la bendición caerá sobre la cabeza del que lo vende.*

CAPÍTULO 10 —— **ENTENDIMIENTO** 🔑 **CLAVE**

Las emociones afectan a la forma que ves el dinero.

Rechazo y retención

Para algunas personas, el dinero está relacionado con el miedo.

• **Algunas personas crecieron en la pobreza:** Para ellos, el dinero era la causa de una inestabilidad constante. Temían constantemente no poder comer. Nunca sabían cuándo tendrían que mudarse de repente o cuándo les confiscarían sus posesiones.

- **Algunas personas crecieron con conflictos por el dinero:** Vieron a sus padres pelearse regularmente por dinero. Los conflictos por el dinero causaban sentimientos terribles. Los conflictos por el dinero provocaban amenazas de divorcio.

Esto produce una obsesión por la seguridad: La gente dice con frecuencia: *"¡Tengo que cuidar del futuro!"*. Este deseo de seguridad no se basa en la sabiduría, sino en el miedo: *"¡No quiero volver a sentirme como cuando era joven!"*.

> *Éxodo 32:23-24 NVS El pueblo me dijo: "Moisés nos sacó de Egipto, pero no sabemos qué le ha pasado. Haznos dioses que puedan guiarnos. 24 Entonces le dije al pueblo: 'Quítense sus joyas de oro'. Cuando me dieron el oro, lo tiré al fuego y salió este becerro".*

El pueblo de Dios quería la seguridad de algo que pudiera ver. Fíjense que era un dios, ¡y el dios era de oro! Se suponía que el oro proporcionaba seguridad.

- **La persona obsesionada con la seguridad puede tener dificultades para diezmar:** Pueden luchar para empezar a diezmar, o empiezan, pero luego dejan de hacerlo: *¡Llegó una cuenta!* Temen que Dios los ponga en una posición que los haga sentir como en el pasado.
- **La persona obsesionada con la seguridad puede tener dificultades para obedecer a Dios y dar:** Su miedo es: *"¿Y si luego no tengo suficiente?"*.

Si no eliminan ese miedo de su vida, se perderán la bendición de Dios y puede que nunca salgan adelante económicamente.

- **La persona obsesionada con la seguridad odia gastar:** *¡No tendré suficiente!*

Proverbios 11:24 RVR1995 hay quien retiene más de lo justo, Pero eso lleva a la pobreza.

- Si el dinero está causando conflictos con tus seres queridos, hay un problema.

  No hablo de conflictos causados por gastos sorpresa sin consultar: *¿Compraste un barco sin consultarme primero?*

  Me refiero a cuando intentas discutir la posibilidad o la necesidad de comprar o gastar: *¡Pero se convierte en una guerra!*

- Si el dinero provoca reacciones emocionales intensas con tus seres queridos, hay un problema.

  Es posible hacer sufrir a todos los miembros de la familia por miedo a gastar dinero.

- **Una versión extrema del miedo sobre el dinero se manifiesta en la acumulación:** La gente se aferra a cosas innecesarias, ¡pero no creen que las sean!

  Insisten: "No puedo librarme de estas cosas. ¿Y si lo necesito un día? ¡Podría venderlo! Esto es bueno".

  Si la idea de deshacerte de cosas te provoca una reacción emocional: ¡Algo va mal!

  Si la idea de deshacerte de cosas está causando conflictos con tu familia: ¡Algo va mal!

En 2013, un canadiense de 76 años tuvo que ser rescatado por los bomberos tras pasar al menos dos días atrapado bajo montones de cosas inservibles dentro de su casa desordenada. La policía había recibido un informe sobre un hombre que llevaba varios días sin ser visto ni saber nada de él. Cuando acudieron, encontraron la puerta y los pasillos de la casa del hombre bloqueados con montones de basura. Encontraron al hombre con una herida en la pierna, que había quedado inmovilizada bajo los escombros, cortándole la circulación durante varios días. Es posible que el hombre pierda su pierna a causa del incidente, según las autoridades. El hombre tuvo suerte: Las autoridades dicen que si no hubieran recibido un informe sobre el anciano recogedor que encontraron deshidratado y con problemas de circulación, probablemente hubiera muerto.

Rechazo y Gastar

Algunas personas son todo lo contrario: Ven el dinero como una forma de solucionar sus emociones negativas. Para esta persona, el dinero produce emociones; *Los hace sentir de ciertas formas.*

- **Algunos utilizan el dinero como una droga:** Les proporciona una vía de escape de sus problemas.

  Piensan: "Estoy triste o estresado, así que me voy de compras. Mis problemas desaparecen con la emoción de comprar". Las compras tienen el mismo efecto que el alcohol o las drogas, y son igual de adictivas.

- **Algunos utilizan el dinero como medicina:** Intentan sanar una emoción negativa en su interior.

  El rechazo es un ataque al valor o la propia autoestima. Así que la gente compra cosas para intentar producir una sensación de valor.

  Si visten ropa de marca, tienen carteras de marca, usan zapatos de marca: De alguna manera piensan que valen más porque tienen ropa, carteras o zapatos mejores.

  Piensan que si compran un auto de valor, ¡pasan a valer más!

Lo que vistes, conduces o posees - ¡¡NO cambia lo que eres por dentro!!

En general, esta mentalidad produce deudas: *Gastarán más de la cuenta para intentar comprar valor.*

• **Algunos utilizan el dinero como competencia:** El viejo dicho, *"Mantenerse al día con los Rodriguez".*

Una idea falsa es que si tengo más que tú o algo mejor que tú, ¡entonces valgo más que tú!

Cuando pastoreábamos en Johannesburgo, Sudáfrica, vivíamos en un complejo de viviendas: Veintisiete casas detrás de un muro común. Como todos vivíamos juntos en el complejo, se podían ver las casas de los demás. Sin embargo, después de mudarme me di cuenta de que mis vecinos trataban a las posesiones como una competencia: Si una persona se compraba un BMW, pronto un vecino se compraba un BMW descapotable. Si una persona instalaba una piscina, otra instalaba una piscina con un tobogán de lujo. Compré un remolque básico de un solo eje para transportar el equipo de la iglesia. Poco después, mi vecino compró un remolque de dos ejes con una pintura de lujo.

El Dinero y La Mentalidad de Pobreza

El rechazo es una opinión de nuestro mérito o valor que recibimos de otras personas. A veces, las personas han recibido el mensaje de que no son buenas o no valen nada. Su rechazo de nuestro valor hacia ellos, se vuelve increíblemente destructivo cuando aceptas la opinión de los demás y estás de acuerdo con ella.

Esto se refleja en la forma en que algunas personas rechazadas ven el dinero:

Las personas que han aceptado el rechazo sienten que no valen nada o que valen menos, por eso su situación económica coincidirá con la opinión que

- **El síndrome de la culpa:** Personas que se le han dicho que no se merecen nada o que nunca llegaran a nada. Pero luego consiguen algo de dinero, pueden comprar cosas decentes o tienen éxito en su trabajo o negocio. Sus bendiciones les causan conmoción interna porque la voz en su cabeza les dice: *"¡No debería tener esto! No me lo merezco".*

-

   Proverbios 10:22 RVR1995 *La bendición del Señor es la que enriquece, y no añade tristeza con ella.*

   Las bendiciones de Dios no deberían hacerte sentir tristeza, pero las personas rechazadas a veces no disfrutan de las bendiciones - se sienten culpables por ellas. A veces se sienten obligadas a regalar cosas: Piensan: *"No debería tener esto".* En casos extremos, pueden incluso sabotear intencionalmente sus bendiciones.

- **El síndrome de la pobreza:** Las personas que han aceptado el rechazo sienten que no valen nada o que valen menos, por eso su situación económica coincidirá con la opinión que tienen de sí mismas.

   Todo lo que tienen es basura barata, de baja calidad, roto y desgastado: *La calidad o el estado de lo que poseen coincide con la opinión que tienen de su valor.*

Si le das a alguien con mentalidad de pobreza algo bueno: *Pronto lo destroza para que coincida con su mentalidad, con su visión de sí mismo.*

Una Visión Sana del Dinero

Necesitamos ver el camino hacia la salud financiera:

Ser sanado de cualquier dolor que esté afectando tu punto de vista.

Conformar una visión correcta de tu mérito y valor: ¡Una visión correcta de nuestro valor viene cuando entendemos la opinión de Dios sobre nuestro valor! (Veremos esto a profundidad en capítulos posteriores)

Empieza a ver el dinero correctamente:

- **El dinero es una herramienta:** El dinero nos lo da Dios para que lo utilicemos como ayuda en la vida. Podemos utilizar el dinero para ayudar con las cosas de Dios, para ayudarnos a nosotros mismos y para ayudar a otras personas.

     Proverbios 11:25-26 RVR1995 El alma generosa se enriquecerá, y el que riega también será regado. 26 El pueblo maldecirá al que retiene el grano, pero la bendición caerá sobre la cabeza del que lo vende.

- **A Dios no le preocupa que sus hijos sean bendecidos económicamente:**

Génesis 13:2 RVR1995 Abram era muy rico en ganado, en plata y en oro.

Filipenses 4:12 NVS Sé cómo vivir cuando soy pobre, y sé cómo vivir cuando tengo en abundancia. He aprendido el secreto de ser feliz en todo momento en todo lo que sucede, cuando tengo suficiente para comer y cuando paso hambre, cuando tengo más de lo que necesito y cuando no tengo suficiente.

Romanos 8:32 RVR1995 El que no escatimó ni a su propio Hijo, sino que lo entregó por todos nosotros, ¿cómo no habrá de darnos generosamente, junto con él, todas las cosas?

- **La clave de la salud financiera y la prosperidad es liberar generosamente el dinero.**

Proverbios 11:24-25 RVR1995 Hay quien reparte, pero aumenta más...25 El alma generosa se enriquecerá, y el que riega también será regado.

Liberamos a Dios mediante el diezmo y las ofrendas.
También debemos liberar finanzas dando a otras personas necesitadas.

Una revelación bíblica importante es que podemos satisfacer nuestras necesidades y tener dinero <u>sin que ello nos cause miseria</u>.

CAPÍTULO 10 — ENTENDIMIENTO CLAVE

Podemos satisfacer nuestras necesidades y tener dinero sin que ello nos cause miseria.

Testimonio: Esposo: Mis padres eran pastores y me criaron bien, pero nos mudábamos cada algunos años. Nunca sentí que pertenecía al grupo porque la mayoría de los otros niños habían crecido juntos, y por eso nunca me sentí aceptado. Sentía que tenía que ganarme los elogios de la gente. Intentaba imitar a los demás para encajar. Sentía que mi vida estaba bajo un microscopio o una lupa en la iglesia. Los ujieres y los maestros de la escuela dominical me exigían más que a los demás niños, y yo me esforzaba en lograrlo, pero nunca era suficiente. Así que me convertí en un complaciente por miedo a ser rechazado. Después de la salvación, intenté complacer a todos los que me rodeaban y ganarme su amor y aceptación.

Esposa: Me sentí rechazada por mi padre desde una edad muy temprana porque él y mi madre nunca estuvieron juntos. Él entraba y salía constantemente de mi infancia. Prometía venir a buscarnos el fin de semana. Nos vestíamos y le esperábamos junto a la ventana todo el día, de 8.00 a 22.00, pero nunca venía. Cuando llegaban las 8 de la noche, sabía que probablemente no vendría, pero seguía esperando. Lloraba en silencio. No quería que mi abuela me viera llorando porque se molestaría con nosotros por quedarnos en la ventana sabiendo que él no vendría. Esto me marcó mientras crecía. Veía a todo el mundo a través de la lente del rechazo. Mi relación con mis padres, amigos, pastores y especialmente con Dios se filtraba a través de la lente del rechazo.

Debido a nuestro espíritu de rechazo, sentíamos que no merecíamos más en la vida, ni ser bendecidos. Por lo tanto, aceptamos la pobreza y vivimos con ella. Si todos los demás nos rechazaban, quizá Dios también nos veía así. ¿Por qué deberíamos esperar que nos bendijera?

• No creíamos merecer un auto bonito, y por eso vivíamos con uno roto y feo, porque era suficiente.
• Pensábamos que no merecíamos una casa bonita, así que vivíamos por debajo de nuestras posibilidades y no comprábamos una casa.

- Cada vez que recibíamos una bendición, nos sentíamos mal por ello.
- Cuando me subían el sueldo, nos sentíamos mal por ello.
- Si ahorrábamos y comprábamos un buen auto, nos sentíamos mal por ello.
- Normalmente nunca teníamos ahorros porque le dábamos todo nuestro dinero a Dios. No necesariamente por amor, pero casi tratando de comprar el amor y la aceptación de Dios. Así que, si algo se rompía, no teníamos dinero para arreglarlo. Así que las cosas seguían rotas.

Esposo: Me liberé del rechazo al reconocer que estábamos constantemente luchando con el miedo al rechazo y que nos habíamos convertido en complacientes. Durante la serie " Desarraigando el Rechazo ", me di cuenta de cuántas áreas el rechazo me afectaba, y quería ser libre. Así que empecé a orar al respecto y a pedirle a Dios que me sanara. Escribí una lista de escrituras que empecé a clamar acerca de quién era yo en Cristo, y oré sobre ellas. Un día, mi esposa me preguntó acerca de una conversación que tuve con el Pastor Greg. Me preguntó: "¿Qué le dijiste y cómo se lo dijiste?". Estaba harto de tener que ser tan cuidadoso con lo que decía, así que le dije: "No me importa lo que él piense de mí. Si piensa que soy un idiota, que me aguante. Si cree que soy un orgulloso, que me lo diga. Al menos sabrá cómo soy y podrá ayudarme y guiarme". Ambos nos dimos cuenta de que yo estaba definitivamente en el camino de la sanidad del rechazo.

Mi esposa fue liberada del rechazo cuando vino a recibir consejería, y el Pastor Greg la ayudó a reconocer que ella tenía problemas de rechazo que venían de su niñez. El oró por ella y le dio un libro sobre el rechazo. Pasó del conocimiento en su cabeza a su corazón. Ella empezó a clamar las escrituras mencionadas en ese libro acerca de quién era ella en Jesús; encontrando su identidad en El y no en los resultados o en las opiniones de la gente. Cada vez que sentía pensamientos de rechazo, empezaba a reprenderlos en oración y a luchar contra ellos.

Ambos reconocimos que teníamos un espíritu de pobreza cuando el pastor Greg predicó un sermón en una conferencia que trataba sobre ello. Nos identificamos y empezamos a hacer cambios en nuestras vidas. Inmediatamente empezamos a ahorrar dinero y a arreglar las cosas cuando se rompían. Compramos vehículos más bonitos, los limpiábamos con frecuencia y los arreglábamos cuando había que arreglarlos. Por primera vez, compramos una casa. Luego empecé un negocio, ¡y Dios nos bendijo con un aumento financiero! El año pasado, ganamos más de lo que yo había ganado en mi vida en un año.

Leebon Britoe
El efecto de la pobreza

Cuando comprendimos nuestro valor en Cristo, nuestra visión del dinero cambió, y el espíritu de pobreza se desprendió de nuestras vidas.

Greg Mitchell
Oración – Capítulo 10

Oración: Ahora has visto cómo el rechazo afecta tu visión del dinero. Así que voy a orar para que Dios te ayude en esta área.

Dios, el rechazo distorsiona nuestra manera de ver el dinero. Tú lo sabes. Así que, te pido que ayudes a cada persona que eso es verdad en su vida. Algunos de ellos Dios, fueron criados con pobreza y eso los ha dominado. Ha producido miedo. Ha producido una obsesión con el dinero y eso no es saludable. Dios, hay personas que usan el gasto como medicina. Usan el dinero de maneras no saludables. Dios, trae sanidad a sus corazones para que ellos te vean correctamente - ellos sean capaces de ver el dinero correctamente. Y así puedan tomar decisiones correctas en el área del dinero. Yo declaro bendiciones sobre cada persona en sus finanzas mientras ellos te honran y adquieren un entendimiento correcto de para qué es el dinero, y como usarlo. Trae bendición a sus vidas. En el nombre de Jesús. Amén.

Capítulo 11 El Rechazo y La Rebelión

"¡Cómo se atreve!", pensó mientras observaba al pastor predicar. Estaba indignado mientras el sermón seguía su curso. El pastor había hablado con él antes del servicio sobre un conflicto con alguien de la iglesia. El hombre le había ofendido, así que perdió el control y empezó a gritarle en el pasillo de la iglesia. Puede que incluso le dijera alguna que otra mala palabra. Pero el pastor se atrevió a decirle que sus acciones eran inaceptables en la iglesia e inapropiadas como cristiano. Ni siquiera le importó que el otro hermano lo estuviera mirando y se hubiera reído. *"Creo que está predispuesto en mi contra. Apuesto a que le agrada el otro hermano más que yo, así que se puso de su lado"*, pensó con enojo. *"Es como mi padre. Eso es lo que hacía conmigo cuando era joven. Siempre me decía que estaba equivocado y que no podía tratar así a mis hermanos"*. Decidió: *"No voy a soportarlo. Seguro que hay muchas otras personas a las que no les gusta cómo las trata el pastor. Preguntaré por ahí. Además, sus sermones no me han ayudado mucho últimamente. Ya no siento la presencia de Dios aquí"*.

Esta situación se repite de muchas maneras en las iglesias de todo el mundo. Las personas que han sido rechazadas en el pasado corren el peligro de permitir que el rechazo se convierta en rebelión contra la autoridad.

Las Raíces de la rebelión

Toda persona tiene figuras de autoridad en su vida. Se supone que estas personas proporcionan sabiduría y dirección. Dan instrucciones y órdenes para lograrlo. Nuestras figuras de autoridad pueden ser padres, maestros, jefes, entrenadores o Pastores.

En un mundo perfecto, utilizarían su autoridad de forma saludable para beneficiarte. Intentarían ayudarte. Te hablarían con amor, sabiduría y equilibrio.

Desgraciadamente, para muchas personas esto no es lo que ocurre. La fuente más común de rechazo es una figura de autoridad, tal como un padre, un profesor, un jefe, un entrenador o un Pastor.

Cuando el rechazo procede de una figura de autoridad, la reacción de algunas personas es la **rebelión**.

— CAPÍTULO 11 — **ENTENDIMIENTO** **CLAVE**

Entendimiento Clave: Cuando el rechazo procede de una figura de autoridad, la reacción de algunas personas es la rebelión.

La Esencia de la rebelión

La rebelión es un rechazo de la autoridad. La palabra "rebelión" sugiere hostilidad contra la autoridad. Normalmente implica desobediencia: *No haré lo que me dices.* Algunas personas parecen vivir toda su vida con los puños cerrados, listas para pelear.

> *Génesis 16:12 NTV ¡Este hijo tuyo será un hombre indomable, tan indomable como un burro salvaje! Levantará su puño contra todos, y todos estarán contra él. Así es, vivirá en franca oposición contra todos sus familiares".*

La rebelión es un punto de vista: Es una forma de ver la autoridad. Aquellos a los que la gente con autoridad ha rechazado van por la vida intentando protegerse de ser rechazados por cualquier otra persona con autoridad. Por eso, la rebelión suele manifestarse como una actitud de sospecha y miedo.

Las personas rebeldes desconfían de cualquier autoridad. Incluso si nunca ha habido una violación por parte de la persona actual con autoridad, ellos están seguros de que no pueden confiar.

Las personas rebeldes tienen miedo de cualquier persona con autoridad. Ellas están convencidas de que cualquiera en su vida que tenga autoridad o cualquier forma de liderazgo no es seguro. Los rebeldes temen que la persona con autoridad los avergüence, les haga daño de alguna manera o los abandone.

El rechazo trae el dolor del pasado a las relaciones presentes: La tragedia de la rebelión es que no hay igualdad de condiciones. ¡La persona en autoridad está en desventaja en la relación porque no solo está lidiando con sus propias palabras o acciones sino luchando contra violaciones y rechazos del pasado que no tuvieron nada que ver con ella! ¡El espíritu de rechazo le dice mentiras a la persona rechazada! Es una mentira que cada persona en autoridad es igual a la persona que te rechazó y violó en el pasado. Es una mentira que cualquier persona en autoridad quiere hacerte daño o no se puede confiar en ella. A veces, como Pastor, recibo reacciones intensas de la gente que no están de acuerdo con el tema que estoy tratando de abordar hoy. Cuando eso sucede, me doy cuenta: *"No están peleando simplemente conmigo - ¡En realidad están peleando con alguien de su pasado!"*

Tres manifestaciones de la rebelión

Separación de la autoridad: La reacción de algunas personas rechazadas es alejarse de la persona con autoridad en sus vidas.

El rechazo trae el dolor del pasado a las relaciones presentes.

Algunas personas pueden asistir a una iglesia durante años, pero nunca hacen una pregunta, ni piden consejo, y nunca se abren sobre lo que está pasando en su interior. Algunas personas literalmente nunca se acercan al Pastor. El razonamiento retorcido del rechazo es, *"Si nunca me acerco a ti, no puedes lastimarme, no puedes avergonzarme, y no puedes destruir mi vida".*

Rechazando la autoridad: Habrá instrucciones en cualquier relación humana que implique a una persona con autoridad. Puede ser en la familia (padres), en clase (profesores), en el trabajo (jefes) o en la iglesia (Pastores). Todas estas personas con autoridad deben dar consejos, instrucciones o correcciones de vez en cuando. Esto puede ayudar a equiparte personalmente o a que el grupo de personas funcione correctamente sin problemas.

Pero los rebeldes rechazan el consejo, las instrucciones o la corrección. ¡Pueden luchar contra ello!

> *1 Samuel 15:13-14 NTV Cuando por fin Samuel lo encontró, Saúl lo saludó con alegría. "Que el Señor te bendiga", le dijo. "¡He cumplido el mandato del Señor!".* [14]*"Entonces, ¿qué es todo ese balido de ovejas y cabras y el mugido de ganado que oigo?" le preguntó Samuel.*

La raíz de la rebelión es el orgullo: ¡Yo sé más que nadie! El orgullo puede basarse en el éxito percibido que infla nuestro sentido de valor. El rechazo del pasado puede producir una reacción que luche ferozmente por defender nuestro sentido de valor. En cualquier caso, es orgullo.

Lo vemos en la reacción de un rebelde a las instrucciones.

- Los rebeldes quieren hacer algo distinto de lo que les dice alguien con autoridad.
- Los rebeldes pueden molestar cuando alguien con autoridad les dice lo que tienen que hacer.

Algunas personas son rebeldes abiertamente: Se enojan y gritan. Inclinan el cuello y miran desafiantes a la persona con autoridad.

Algunas personas son rebeldes silenciosos: Son como el Rey Saúl en la escritura mencionada anteriormente. Sonríen alegremente como si estuvieran de acuerdo contigo y obedecen, pero luego siguen adelante y hacen lo que quieren hacer. Hacen lo que mejor les parece.

Atacando la autoridad: Los rebeldes buscan defectos en la autoridad.

2 Samuel 15:2-3 RVR1995 Absalón se levantaba temprano y se ponía junto al camino de la puerta. Y a cualquiera que tenía pleito y venía ante el rey a juicio, Absalón lo llamaba y le decía: "¿De qué ciudad eres?". Y él respondía: "Tu siervo es de una de las tribus de Israel". ³Entonces Absalón le decía: "Mira, tus palabras son buenas y justas; pero no tienes quien te oiga de parte del rey".

Los rebeldes escudriñarán cada palabra y acción de alguien con autoridad para encontrar defectos. Si encuentran una falla o un defecto, en sus mentes, eso "demuestra" por qué no se puede confiar en la autoridad. Creen que un defecto "demuestra" por qué deben ser independientes y rechazar toda autoridad.

Los rebeldes con frecuencia reclutan a otros. Ellos nunca serán rebeldes solos. Como Absalón, hablarán con otras personas y encuentran algo con lo que no estén de acuerdo, que no entienden o que les molesta. Cuando ven esto en el que está en autoridad, lo destacan para enardecer a otras personas. Dicen: *"¡Qué injusto! No puedo creer que te hayan hecho eso"*. A veces me viene gente y me dice: *"Mucha gente dice..."*. Yo los paro y les digo: *"Querrás decir que tú estás diciendo... a algunas personas con las que hablas"*. "Cuando los rebeldes encuentran a otros que están disgustados y parecen estar de acuerdo con ellos, piensan que eso 'demuestra' por qué deben ser independientes y rechazar toda autoridad.

En la historia de nuestro Compañerismo (Christian Fellowship Ministries), casi todos los Pastores rebeldes que han dejado nuestro Compañerismo y causaron daño, tenían problemas de rechazo. Esto a menudo estaba arraigado en su propia relación problemática con sus padres o el hecho de que nunca tuvieron un padre. Su rechazo hizo que vieran a su propio Pastor con sospecha y resentimiento, lo que terminó por abrir la puerta a la rebelión en sus corazones.

El Costo de la Rebelión

El gran peligro de la rebelión es que te separa de las relaciones sanas. Ser un solitario no es sano. Te conviertes en la única autoridad en todos los asuntos de tu vida. Si así es como vives la vida, llegarás a conclusiones equivocadas porque no estás viendo las cosas correctamente.

Proverbios 12:15 RVR1995 El camino del necio es recto a sus propios ojos: Pero el que escucha el consejo es sabio.

- **La rebelión te hace perder el beneficio de la sabiduría.**

Como Pastor, veo a la gente de la iglesia con problemas. Veo a Pastores con problemas. Sé que podría ayudarles, pero no me piden ayuda. Y si piden consejo, no escuchan el consejo que se les ha dado. El rechazo ha producido rebelión, y la rebelión no recibe dirección de nadie en autoridad.

- **La rebelión nos hace perder la bendición de Dios.**

¡Dios es quien diseñó la vida para que funcione sobre el principio de autoridad! Él ha decidido que cada persona necesita tener a alguien en autoridad sobre ellos para ayudarlos, ¡no para lastimarlos! Pero las personas se molestan con la persona en autoridad en su vida, y así rechazan la autoridad. Dicen: "*Estoy rechazando a una persona*", pero, de alguna manera, ¡en realidad están rechazando la autoridad de Dios! Recibo llamadas de personas en congregaciones quejándose de su Pastor. A veces, hay problemas legítimos que puedo ayudarles a resolver - ¡si quieren! Pero en casos extremos, le he dicho a la gente: "*¡Tú crees que tienes un problema con el Pastor fulano de tal (escribe el nombre tú mismo), pero en realidad tienes un problema con la autoridad!*" Si rechazamos el plan de autoridad de Dios (lo que se llama rebelión), Dios no bendecirá nuestra rebelión.

La rebelión trae destrucción: Los relatos bíblicos sobre la rebelión son relatos de destrucción, ¡porque la rebelión trae destrucción!

1 Samuel 15:23 RVR1995 Porque la rebelión es como el pecado de brujería, Y la desobediencia es como la iniquidad y la idolatría. Por cuanto has rechazado la palabra del Señor, Él también te ha rechazado como rey".

La brujería ciega de manera sobrenatural: Los rebeldes quedan ciegos. He visto a gente rebelde tomar las decisiones más tontas y destructivas. ¡Pero para ellos tiene sentido!

En la Biblia, ¡vemos que Dios lucha la rebelión! Te reto a que busques la palabra rebelión en la Biblia y veas cuántas veces se refiere a Dios juzgando la rebelión. Una de las razones por las que Dios juzga la rebelión es porque es destructiva para los demás. Podría pasar horas contando las historias de daño y destrucción que trajo la rebelión: Destrucción de hijos, matrimonios, ministerios, llamados e iglesias enteras. Podría contarles historias de la confusión y división en las relaciones personales que la rebelión causó. Lo peor de todo, es que hay gente en el infierno hoy por causa de la rebelión: Personas que se resbalaron por la confusión que vieron en la iglesia o personas que nunca escucharon el Evangelio porque la misión de una iglesia fue destruida por personas rebeldes. Tristemente, las personas que causaron esta destrucción a menudo tuvieron las raíces de la rebelión formadas por el rechazo.

Sanando la Rebelión

Dios ha diseñado la vida para que funcione con autoridad.

> *Romanos 13:1 RVR1995 Sométase toda persona a las autoridades que gobiernan. Porque no hay autoridad sino de Dios, y las autoridades que existen han sido establecidas por Dios.*

Si Dios es quien diseñó la autoridad y pone a las personas en autoridad, ¡el hecho de que hayas sido rechazado o abusado por alguien en autoridad en el pasado no te da el derecho a rechazar la autoridad! Lo que tiene que suceder es que necesitamos ser sanados de la rebelión que el rechazo ha producido en nosotros.

- **Tenemos que perdonar a las autoridades que nos han abusado o rechazado.**

Colosenses 3:13 NVS Soportándose unos a otros y perdonándose unos a otros, si alguien tiene queja contra otro. Perdonen como el Señor los perdonó a ustedes.

No tiene sentido dejar que el pasado arruine el presente o tu futuro. Lleva tu dolor a Dios y pídele que te sane. Dile a Dios: *"Yo perdono a esas personas".* Perdonar significa soltar o dejar ir la violación. Es simplemente decirle a Dios: *"Yo no soy el juez. Dejo a esas personas contigo".*

- **Tenemos que arrepentirnos de nuestro orgullo y humillarnos:** No somos los expertos mundiales en todo en la vida. ¡No somos la única autoridad de lo que es correcto en la vida, o la forma en que todo en la vida debe funcionar!

1 Pedro 5:5 RVR1995 Igualmente, jóvenes, sométanse a los ancianos. Sí, y todos, sumisos unos a otros, revestidos de humildad, porque "Dios resiste a los soberbios, y da gracia a los humildes."

- **Necesitamos aceptar la autoridad Divina en nuestras vidas:**
  - Debemos buscar la autoridad Divina: Pedir consejo o ayuda.
  - Fluir con autoridad: Sigue la dirección que se te da. No resistas ni luches contra cada decisión que se tome.
  - Trabajar con una autoridad imperfecta: Toda persona con autoridad tiene defectos, pero eso no significa que sea mala. Eso no significa que todo lo que dicen o hacen debe ser rechazado. Debemos tener una actitud correcta al trabajar con alguien en autoridad cuando vemos sus defectos. La Biblia cuenta que Noé

se emborrachó y cómo sus hijos trataron su error. Un hijo (Cam) fue y se lo dijo a sus hermanos: Quiso exponer el error de su padre a los demás (y quizás alegrarse por ello). Pero los otros dos hermanos actuaron de forma diferente:

Génesis 9:23 NTV Entonces Sem y Jafet tomaron un manto, se lo pusieron sobre los hombros y entraron de espaldas a la carpa para cubrir a su padre. Mientras lo hacían, miraban hacia otro lado para no verlo desnudo.

No estaban diciendo que lo que hizo su Padre era aceptable, sino que decían: *"Tenemos que tratar con este problema - sin dejar de respetar su posición de autoridad en la familia."*

A Dios le agradó esta actitud, pues cuando Noé habló, declaró una bendición Divina sobre Sem y Jafet:

Génesis 9:26-27 NTV Entonces Noé dijo: "¡Bendito sea el Señor, Dios de Sem, y sea Canaán su siervo! 27¡Que Dios extienda el territorio de Jafet! Que Jafet comparta la prosperidad de Sem, y que Canaán sea su siervo".

Esa es la decisión que cada persona debe hacer cuando se enfrenta al rechazo de los que tienen autoridad y a la posibilidad de que el rechazo se convierta en rebelión.

Leebon Britoe
Sin reglas. Libertad

Greg Mitchell
Oración – Capítulo 11

Oración: Ahora pueden ver que el rechazo ha afectado a algunos de ustedes en el área de la rebelión. Necesitan un milagro y voy a pedirle a Dios que sane sus corazones.

Dios, hay personas ahora mismo, que han sido heridas y rechazadas por personas en autoridad. Eso ha afectado todo su punto de vista de la autoridad. Ellos sospechan de la autoridad. Resienten la autoridad. Ellos resisten la autoridad en cada área de su vida. Ahora, el Diablo les ha mentido acerca de la autoridad divina. Rebelión ha sido producida en sus corazones. Ellos necesitan un milagro. Dios, ellos no pueden sobrevivir a la rebelión. Te pido que los liberes. Echo fuera la rebelión. Echo fuera la sospecha. Echo fuera el miedo a la autoridad. Desde este momento, haz que empiecen a ver la autoridad correctamente. Permíteles acercarse, permíteles buscar la autoridad piadosa. Que fluyan con las decisiones de la autoridad. La unción de Dios fluye de la cabeza hacia abajo, y ahora deja que el aceite fluya en sus vidas a medida que responden correctamente para liberarse de la rebelión. En el nombre de Jesús. Amén.

Capítulo 12 El Rechazo y La Mentalidad de Resultados

El hombre estaba molesto. *"¡No me gustó lo que dijo en su sermón de esta noche!"* El pastor preguntó: *"¿Qué parte?"* La parte en la que usted dijo que las personas que fracasan o se resbalan pueden ser redimidas".* El pastor se quedó pasmado. *"Entonces, ¿qué debería pasarles?",* preguntó. El hombre respondió disgustado: *"¡Hay que acabar con ellos! No merecen ser redimidos".* El problema fue que, un tiempo después, ese hombre fracasó y cayó en pecado. Pero no pudo superarlo y nunca más lo volvimos a ver.

Lamentablemente, es una historia real. Conociendo a la gente, ese hombre sin duda tenía profundos problemas de rechazo. El consideraba que su relación con Dios se basaba en sus resultados personales. Y si alguna vez fallaba en sus resultados, no podría sobrevivir.

Este es un ejemplo de cómo el rechazo puede producir una mentalidad de resultados en el servicio a Dios.

Las Raíces de los Resultados

El rechazo planta raíces profundas en nuestros corazones y mentes, y estas raíces producen todo tipo de frutos nada saludables. Hay dos tipos de rechazo que producen raíces mortales.

El primero es el rechazo que se basa en los resultados:
Algunas personas experimentaron un amor o una aceptación condicionales por parte de sus padres o de otras personas. Todo

amor y aceptación venían acompañados de un enorme **SOLO SI**. Ellos recibieron el mensaje: *"Te voy a querer y aceptar sólo si haces lo que yo quiero, haces lo correcto y te portas como tu hermano. Te voy a querer y aceptar sólo si ganas, tienes éxito o sacas buenas notas".*

Génesis 27:4 **NVS** *Cuando prepares la comida sabrosa que me gusta, tráemela, y comeré. Entonces te bendeciré antes de que muera*

- **Algunas personas descubrieron que nunca podían hacer lo suficiente.** Intentaron hacer lo que les dijeron que les daría amor y aceptación, pero descubrieron que había más expectativas: *¡Haz más! ¡Hazlo mejor!* Así que su sentimiento de amor y aceptación era siempre <u>incierto</u>: *¿Hago lo suficiente para que me quieran? ¿Soy lo suficientemente bueno para que me acepten?*

- **Algunas personas vivieron la montaña rusa del amor/ aceptación.** Sus padres les decían: *"Hoy te quiero"*, pero mañana les decían: *"Estoy disgustado contigo"*. Así que cualquier amor o aceptación siempre traía inseguridad, porque nunca duraba.

- **Algunas personas descubrieron la verdad básica sobre sí mismas:** *A veces, <u>no</u> llegarás a la altura.* A veces no ganarás. No tendrás éxito en todo. No eres como los demás. No serás bueno, y a veces harás lo malo. ¿Y ahora qué? Entonces, produce desesperación: *Nunca me van a querer ni a aceptar porque no puedo alcanzar las expectativas.*

El segundo es el rechazo que se basa en la culpa o la vergüenza: *Otras personas pueden transmitirnos el mensaje de la Vergüenza.* La vergüenza puede comenzar con la culpa por cosas que en verdad hemos hecho mal, pero luego otras personas nos recuerdan lo que hemos hecho. Nos lo echan en cara. Nos evitan con disgusto. Nos dicen: *"¿Cómo has podido hacer algo así?"*

Conocí a un hombre que me contó esta historia sobre su padre. *Cuando era pequeño, corría por la casa, portándose mal. Su madre, embarazada, lo persiguió y, al hacerlo, resbaló y se cayó. A consecuencia de la caída, perdió al bebé. Entonces, la familia lo desterró. Lo enviaron a vivir a otro lugar.* Ellos eran una especie de familia Cristiana. Me contó la historia para explicarme por qué su padre nunca fue a la iglesia cuando creció.

Para otros, el rechazo que experimentaron era simplemente la opinión de vergüenza de su familia. Te decían cosas mortales cuando no te portabas como se esperaba. **El mensaje no era que hiciste algo malo, sino que ¡tú ERES malo!** *Te decían: "¡Hay algo que está mal en ti!"*

Esto produce un efecto mortal cuando aceptamos sus falsas opiniones como verdaderas. Brené Brown explica: *"La vergüenza es el sentimiento o la experiencia intensamente dolorosa de creer que somos defectuosos y, por lo tanto, no merecemos ni amor, ni pertenecer a la familia."*

El Efecto del Rechazo Después de la Salvación

Piensa en lo que ocurre cuando una persona que se basa en los resultados se convierte en cristiano y entra en relación con Dios. Cuando se salvan, algunas personas ya han pasado toda una vida tratando de actuar, esforzándose por ganar el amor y la aprobación de la gente. Entonces oyen hablar del amor de Dios. *"Dios puede ser tu Padre Celestial".* Se supone que es una buena noticia.

Por desgracia, ahora ven la relación entre Dios y ellos a través de los ojos del pasado.

- Para algunos, la noticia de que Dios es tu Padre no es en absoluto una buena noticia. Su única experiencia con un Padre ha sido negativa: *Eso significa que Dios les hará daño, abusará de ellos, los abandonará y que no se puede confiar en él.*

- Para otros, su opinión es que Dios será exigente, difícil de complacer e inconstante y que cambiará de opinión sobre su amor por ellos.

CAPÍTULO 12 —— ENTENDIMIENTO ⚷ CLAVE

Podemos ver la relación entre Dios y nosotros a través de los ojos del pasado.

La Mentalidad de Resultados

Así que lo que el rechazo produce con frecuencia es una **mentalidad de resultados** en el servir a Dios:

- **El primer enfoque equivocado: Voy a compensar por el pasado – Voy a compensar por mis defectos.**

    Mateo 18:26 NVS Pero aquel siervo se postró ante él, y le suplicó: 'Ten paciencia conmigo, y te pagaré todo lo que te debo'.

    Los cristianos con esta mentalidad hacen lo que es correcto - no por amor o porque es correcto: *Sino para pagarle a Dios y compensar por sus pecados o faltas.*

Lucas 15:19 NVI Ya no soy digno de ser llamado hijo tuyo; hazme como a uno de tus jornaleros.

- **El segundo enfoque equivocado: Me voy a ganar o merecer el amor de Dios.**

Es un error pensar que puedes arreglar tu propia vida. Ese es el error de la falsa religión: *¡He hecho lo suficiente para ser suficientemente bueno! ¿Has oído alguna vez a alguien decir: "Si mis buenas acciones superan a las malas, iré al Cielo"?*

Pero algunos cristianos nacidos de nuevo, también tienen la misma manera equivocada de pensar. Hacen lo correcto para <u>intentar</u> que Dios los ame. Leen sus Biblias, oran, vienen a la iglesia, dan dinero y testifican a otros, pero bajo la superficie, se preguntan acerca de Dios: *"¿Ahora me amas?"*

Algunos trabajan para Dios con la esperanza de ganarse su amor y favor. Ayudan en la iglesia, están involucrados en múltiples ministerios cada noche de la semana - *¡No <u>por</u> amor, o porque es lo correcto, sino para <u>ganarse</u> el amor de Dios!*

- **El tercer enfoque equivocado: Si el rechazo vino a través de la gente, ganaré la aprobación de Dios a través de la gente.**

Este tipo de persona centra sus esfuerzos de servir a Dios en agradar e impresionar a la gente.

Mateo 6:1-2 NVI "Cuídense de no hacer sus 'obras de justicia' delante de la gente para llamar la atención. Si actúan así, su Padre que está en el cielo no les dará ninguna recompensa. 2 Por eso, cuando den a los necesitados, no lo anuncien al son de trompeta, como lo hacen los hipócritas en las sinagogas y en las calles para que la gente les rinda homenaje. Les aseguro que ellos ya han recibido toda su recompensa".

Mateo 6:5 NVI "Cuando ores, no seas como los hipócritas, porque a ellos les encanta orar en pie en las sinagogas y en las esquinas de las calles, para que la gente los vea; de cierto les digo que con eso ya se han ganado su recompensa".

Esto habla de los que buscan la validación del amor y la aprobación de Dios - ¡a través de personas!

El Daño de los Resultados

El Cristianismo que se basa en los resultados es agotador: La naturaleza de la religión que se basa en las obras es que añade cargas en la vida.

Mateo 23:4 NVI Atan cargas pesadas y las ponen sobre los hombros de los hombres...

Esto da el mensaje de *"La salvación es la sangre de Jesús Y... pórtate bien, o trabaja duro y trata de ser perfecto".*
· Trabajar por el amor de Dios es agotador.
· Intentar ganarse la aprobación de la gente es agotador.

La culpa es la marca de una mentalidad de resultados. A veces la gente hace lo que es correcto simplemente por culpa. He conocido personas que estaban desequilibradas. Testificar a personas no salvas es bueno, pero ellos sienten culpa constante. No pueden manejar por la calle o ir de compras sin estar constantemente distraídos por la urgencia de testificar. *"Tengo que parar el auto. No puedo solamente comprar lechuga en la tienda e irme a casa. "Tengo que dar testimonio a cada persona: ¡Esta puede ser su última oportunidad!".* No lo hacen por amor, sino por culpa.

El Cristianismo que se basa en los resultados es incierto: En una relación de resultados, tu valor, tu mérito y tu identidad se basan en lo que haces y en lo bien que lo haces. Pero hay un problema: *¿Cómo sabes si has hecho lo suficiente? ¿Quién te lo dice?* Así que los cristianos que se basan en los resultados son atormentados: *¿Pude haber hecho más? ¿Y si alguien más dice que no estoy haciendo lo suficiente?*

1 Juan 3:20 RVR1995 *Porque si nuestro corazón nos condena, Dios es más grande que nuestro corazón, y conoce todas las cosas.*

Esto produce una vida llena de presiones: *¿Qué pasa si tienes un mal día? ¿Qué pasa si te quedas dormido o estás enfermo, por lo que faltas a la oración, a la evangelización, o a la iglesia?* Esta persona no hace lo correcto porque *"puedo"* o *"quiero"* sino *"Debo. TENGO QUE HACERLO".*

CAPÍTULO 12 — **ENTENDIMIENTO** **CLAVE**

Los Cristianos que se basan en los resultados son atormentados.

Dios no bendice el Cristianismo que se basa en los resultados: Cuando te acercas a Dios con una actitud de*: "Quiero trabajar y ganarme Tu amor y aprobación",* estás diciendo algo sobre Él, ¡no sobre ti! Le estás diciendo a Dios: *"No eres amoroso. Eres difícil de complacer. Es difícil llevarse bien contigo".*

Mateo 25:24-25 NVS *"Entonces el siervo que había recibido una bolsa de oro se acercó al amo y le dijo: Maestro, yo sabía que tú eres un hombre duro, que siegas donde no sembraste y recoges lo que no esparciste. 25 Así que tuve miedo y escondí tu dinero en la tierra. Aquí tienes lo que es tuyo.*

Los cristianos que se basan en los resultados dicen: "¡Lo que Jesús hizo en la cruz no es suficiente!".

Gálatas 3:3 NVI *¿Tan necios son? Habiendo comenzado en el Espíritu, ¿se van a perfeccionar por la carne?*

El resultado de estos errores es que nunca entras en el descanso de Dios.

Hebreos 4:3 NTV *Pues solo los que creemos podemos entrar en su descanso. En cuanto a los demás, Dios dijo: "En mi ira hice un juramento: 'Ellos nunca entrarán en mi lugar de reposo' ", si bien que ese descanso ha estado listo desde que hizo el mundo.*

El descanso significa paz y confianza en el amor de Dios. Significa que podemos detener las obras de resultados para tratar de ganar el amor y la aceptación de Dios.

Los cristianos que se basan en los resultados no experimentan el favor sobrenatural de Dios: *Esa actitud y enfoque le desagradan.*

CAPÍTULO 12 ── **ENTENDIMIENTO** **CLAVE**

Los Cristianos que se basan en los resultados no experimentan el favor sobrenatural de Dios.

Libertad de los Resultados

Mira el camino hacia la libertad del cristianismo que se basa en los resultados:

Tenemos que reconocer la verdad: NO PODEMOS pagarle a Dios. No podemos compensar el pasado.

Mateo 18:24 NTV En el proceso, le trajeron a uno de sus deudores que le debía millones de dólares.

Sería el equivalente a deber cientos de millones de dólares. Si ganas 15 dólares la hora, ¡¡nunca podrás pagarlo!! Pero nuestro pecado es mucho más caro que el dinero: Requirió la sangre de un hombre perfecto - Dios en la carne. Nunca jamás podremos pagarle a Dios por nuestro pecado.

Tenemos que arrepentirnos de nuestro orgullo e incredulidad:
Es arrogante pensar que podemos ser lo suficientemente buenos y pagarle a Dios. Nuestros esfuerzos humanos insignificantes son ridículos cuando pensamos en la perfección de Dios.

Es incredulidad cuando no aceptamos el amor de Dios por nosotros y el pago que Él ya hizo.

Tenemos que aceptar el amor de Dios: Una relación con Dios sólo funciona si aceptas sus condiciones. Las condiciones de la relación con Dios se basan en el amor.

Mateo 18:27 NTV Entonces su amo sintió mucha lástima por él, y lo liberó y le perdonó la deuda.

No tuvo nada que ver con el siervo y todo que ver con el amo.

• ¡Nuestro pecado ya está pagado! ¡No se puede hacer ningún otro pago!

1 Juan 1:9 RVR1995 Si confesamos nuestros pecados, Él es fiel y justo para perdonar nuestros pecados y limpiarnos de toda maldad.

- Tu Padre Celestial YA te ama. No tienes que tratar de hacer que Él te ame. Yo amo mucho a mis nietos. Ellos no tienen que trabajar duro para ganar o merecer mi amor. Ya lo tienen. ¿Cuánto más es eso cierto del amor de Dios por nosotros?

1 Juan 3:1 NVI ¡Qué grande es el amor que el Padre nos ha prodigado, para que seamos llamados hijos de Dios! Y eso es lo que somos. La razón por la que el mundo no nos conoce es que no lo conoció a él.

Testimonio: Crecí en un hogar maravilloso con un padre cariñoso y una madre que se quedaba en casa. La vida era bastante normal, pero sufría de falta de autoestima. Siempre sentí que mi valor dependía de los resultados. Si no sacaba sobresalientes, mis padres me decían que trabajara para lograrlo. Me impulsaban (dentro de mí) a ser una hija perfecta, pero nunca sentí que fuera lo suficiente buena. Tal vez porque fui concebida ilegítimamente, o porque los padres de mi madre se divorciaron cuando ella era joven y me lo transmitió.

Fuera cual fuera la razón, siempre sentí que tenía que demonstrar que valía algo. Llevé ese deseo de perfección a la edad adulta y a la salvación. Siempre me esforzaba por ser la mejor, destacar y ser digna de aprecio. Tenía que participar en todo y no podía descansar si no era la mejor. Ni siquiera los elogios de los demás ayudaban a mi tormento porque, de todos modos, nunca me los creía. No me había demostrado a mí misma que valía algo. Eso nunca iba a ocurrir.

A lo largo de los años, mi marido, mi pastor y otras personas me habían dicho que tenía que relajarme y que era demasiado insistente. Yo pensaba: "Relajarme, ¿estás loco?". El pastor predicó una vez que si tienes una personalidad de tipo A, ¡quizá Dios no quiere que hagas nada! Yo pensaba: "¿Qué significa eso?".

La idea de no hacer nada era pura tortura para mi alma. No podía relajarme sin sentir depresión. Mi pobre marido tuvo que haberse sentido tan inadecuado; ni siquiera podía disfrutar de una cena fuera con él sin ponerme a llorar. No podía disfrutar de mí misma a menos que estuviera haciendo algo.

Hace unos años, durante una conferencia bíblica, me di cuenta de que algo tenía que cambiar. Además de ayudar con la conferencia, estábamos sobrecargados, tratando de reunirnos con tantas personas como fuera posible y recibiendo gente todos los días y todas las noches. Estaba agotada. Me estaba volviendo loca. Decidí que esto tenía que parar. Dios había comenzado a trabajar en mi a través de la serie del Pastor Greg sobre desarraigar el rechazo.

Para la siguiente conferencia, sólo programé dos cosas. Mientras regresaba a casa, me sentí tan aliviada de poder irme a casa y descansar. Pensé: "¡Vaya, esto es diferente! Dios ha hecho algo". Ahora puedo disfrutar de estar en casa y no hacer nada de vez en cuando. Puedo disfrutar nuevamente salir con mi esposo. Puedo volver a reírme, ¡incluso de mí misma! Eso es un milagro. No tengo que ser perfecta. Soy amada por el Dios que me hizo. Soy amada tal como soy. No tengo que lograr nada para demostrar que soy digna de Su amor. Simplemente puedo ser yo, y está bien. ¡Qué alivio tan glorioso! Hace años, mi pastor me dio un libro, Libérate, Sé Tú Misma. Bueno, finalmente, ¡puedo decir que soy libre para ser yo!

Gracias, Jesús, por hacerme y amarme. Y por morir por mí para que no tenga que matarme tratando de probar que soy alguien.

Leebon Britoe
Oré por primera vez

Greg Mitchell
Oración - Capítulo 12

Oración: Ahora has visto cómo el rechazo produce una mentalidad de resultados en tu corazón, así que quiero orar por ti.

Dios, hay personas. Ellos tienen relación contigo ahora mismo, pero el rechazo ha distorsionado como esa relación debería ser. Dios, algunos de ellos, no tienen confianza en Tu amor. Así que, están tratando de ganarse Tu amor cuando ya lo tienen. Dios, echo fuera ese espíritu que les hace pensar que tienen que actuar. Yo reprendo el miedo. Cuando ellos tienen confianza en Tu amor, ese miedo se va. Dios, abre sus ojos. Hazles ver cuánto los amas. Dios, hay personas con las que han peleado en la iglesia y con otros cristianos. Ellos tienen que tener su aprobación, y eso hará que sean amados. Eso es una mentira. Libéralos de esa mentira. Déjalos que descansen en Tu amor. Y no depende de sus resultados. Dios, Tú eres misericordioso con nosotros. Eres un Dios lleno de misericordia. Eres misericordioso con las personas que tienen problemas y debilidades, incluso fracasos. Dios, Tú eres misericordioso. Tu amor nunca cambia. Hazles conocer Tu amor. Libéralos de una mentalidad de resultados. En el nombre de Jesús. Amén.

Capítulo 13 El Rechazo y El Ministerio

La esposa del pastor salió de la iglesia llorando. *"¿Por qué la gente no aprecia lo que hacemos por ellos?"*, pensó. Ni una sola persona le dio las gracias hoy. Ella dio algunas sugerencias muy útiles a las personas encargadas de varios ministerios, ¡pero hicieron las cosas de forma diferente a como ella las había sugerido! *"Es obvio que me odian"*, se indignó. Estaba segura de que algunas personas la habían mirado mal en la iglesia, lo que la enfureció. En el camino de vuelta a casa, le dijo a su marido furiosa*: "Si Dios nos llamó al ministerio, uno pensaría que al menos podría darnos algunas personas agradecidas. No creo que pueda seguir haciendo esto".*

Este escenario se repite en muchos pastores y esposas de pastores en todo el mundo. La razón por la que el ministerio es tan doloroso para ellos y por qué tantas parejas de Pastores lo abandonan, es que han traído sus problemas de rechazo no sanados al ministerio. Esto también es cierto de las personas que se involucran en cualquier ministerio en la Iglesia.

Opiniones Incorrectas del Ministerio

Aquellos que traen una mentalidad de resultados al servicio de Dios ven el ministerio incorrectamente.

Ven el ministerio como medicina: Las personas que se sienten inseguras o poco queridas debido al rechazo a menudo piensan: *"¡Si me involucro en el ministerio, el ministerio me arreglará!"* Hacen suposiciones falsas sobre el ministerio:

- Piensan que la gente apreciará sus esfuerzos en el ministerio: *"Estoy seguro de que me lo agradecerán y siempre estarán agradecidos por mi ayuda"*.
- Creen que la gente les apoyará y ayudará mientras ejercen su ministerio: *"Estarán de acuerdo con todas las decisiones"*.
- Creen que la gente aplaudirá, vitoreará todo lo que hagan y dirá: *"¡Eres Maravilloso!"*.

Suponen que el resultado de su participación en el ministerio será que dejarán de sentirse inseguros, no queridos o que valen menos.

- Ellos pueden visualizar el ser Pastor de esta manera: *Si la gente me llama "Pastor", si puedo dar un reporte en una conferencia, si mi foto aparece en un volante o en un sitio web, si pudiera ser un líder de área, entonces seré sanado: Ya no me sentiré rechazado e inseguro.*

Ven el ministerio como una forma de <u>demostrar</u> su dignidad o su valor: Algunas personas rechazadas luchan contra el mensaje de rechazo que han recibido, por lo que se ven impulsadas a <u>demostrar</u> su valor.

- Fuera de la salvación, su actitud es: *"Te demostraré que soy importante. Mírame ahora!"*

Utilizan el dinero, los deportes o los logros para demostrar su valor.

- Pero, podemos llevar esa actitud a la participación en el ministerio en la iglesia y el en ministerio para Dios.

Piensan que si trabajan con nuevos conversos, el Pastor verá lo maravillosos que son:

Eso puede crear conflictos con otras personas en la Iglesia: *¡Aléjate de "mis" conversos!*

Ellos piensan: "Mira cuánto hago en la Iglesia. Mira en cuántos ministerios estoy". Quieren que los demás se pregunten: "¿Qué haríamos sin ti?".

Ven el ministerio como una forma de hacer que Dios los ame:
Ellos piensan: *"Si me involucro en el ministerio y soy una bendición para otras personas, Dios estará contento con mi sacrificio y mi obediencia."*

• La forma en que piensan que Dios mostrará su satisfacción: *Él me bendecirá y hará de mi ministerio un éxito fantástico.* Pero esto los prepara para la desilusión y la amargura cuando Dios no hace que la vida marche según nuestros propios planes ministeriales.

El Daño de la Mentalidad de Resultados en el Ministerio

Estas actitudes erróneas son muy perjudiciales, tanto para nosotros como para las personas a las que ministramos.

Serás muy infeliz: Las ideas enumeradas anteriormente no sólo son incorrectas, sino que también contradicen lo que sucede en la vida y en el ministerio.
• El ministerio no arregla nada malo en tu vida, ¡lo <u>engrandece</u>! Las personas en el ministerio con heridas de rechazo sin sanar perciben a cada persona y cada evento como un voto sobre su valor.
• La realidad del ministerio es que la gente a menudo no te aprecia ni aprecia tus esfuerzos. Critican lo que decides y haces. Son lentos para cambiar. Pueden faltarte al respeto.

Como pastor, trabajo muy duro en los sermones y la enseñanza para alimentar bien a la gente. Pero hay gente en nuestra iglesia que se duerme en cada sermón. Imagínate: *¡Mis sermones!* Probablemente sólo han escuchado unos 2 sermones y medio en casi veinte años. Así que, si baso mi valor en su respuesta, ¡probablemente habría dejado el ministerio para vender seguros hace mucho tiempo!

- La simple verdad del ministerio es que a menudo no obtienes los resultados que esperabas. Algunos pastores tienen menos números, menos atención y menos dinero de lo que pensaban que tendrían en el ministerio a estas alturas.

CAPÍTULO 13 —— **ENTENDIMIENTO** **CLAVE**

El ministerio no arregla nada malo en tu vida, ¡lo engrandece!

Puedes acabar perjudicando a otras personas:
- Si consideras a los nuevos conversos como el medio para alcanzar tu valor, puedes presionarlos demasiado y darles demasiado muy pronto.

Génesis 33:13 NVS Pero Jacob le dijo: "Mi señor sabe que los niños son débiles, y que tengo ovejas y vacas recién paridas; si se les fatiga, en un solo día pueden morir todas las ovejas".

Las personas rechazadas le dicen a un recién convertido seiscientas cosas que debe hacer para ser un "Cristiano de verdad".

Las personas rechazadas se molestan cuando los nuevos conversos faltan a la iglesia: "¿Qué quieres decir con que faltaste a la Iglesia porque tu madre tuvo un ataque al corazón y se está muriendo en el hospital? ¿Estas enserio con lo de servir a Dios o no?".

Si tratamos así a los nuevos conversos, demuestra que no se trata de ellos, sino de nosotros.

Pastores y esposas rechazados pueden hacer esto a la gente de su congregación: Constantemente se molestan, se enojan, exigen y a veces hasta abusan porque su gente no está haciendo lo suficiente.

"¡Me haces quedar mal! No me estás dando el valor que estoy buscando".

Puedes amargarte con Dios: La realidad de la vida y del ministerio es que a veces las cosas no salen bien. Al principio de mi ministerio, tuve un buen período de "éxito". Un hombre me dijo: *"Tienes el toque de Midas: todo lo que tocas se convierte en oro".* Eso me hizo sentir muy bien. Pero poco después, desarrollé 'el toque del estiércol' - todo lo que tocaba se convertía en..." Ya te haces la idea.

Lucas 15:29 NVS Pero el hijo mayor dijo a su padre: 'Te he servido como un esclavo durante muchos años y siempre he obedecido tus órdenes. Pero nunca me diste ni siquiera un cabrito para comer en un banquete con mis amigos.

El Hermano Mayor trabajaba para su Padre, pero se amargaba porque no le daba lo que creía merecer. El cabrito y el banquete hablan de cómo pensaba que sería reconocido públicamente, agradecido y elogiado por su labor fiel. El hecho de no recibirlos lo amargó. Estaba separado de su Padre y resentido por la atención que recibía su hermano pródigo.

La gente puede sentir lo mismo hacia su Padre Celestial: *Nunca me has dado un gran éxito. ¡No has hecho algo grande por mí que haga que los demás me celebren!* Conocí a un hombre que se hizo misionero (eso es bueno) pero no estuvo contento con la falta de aprecio que él y su esposa recibían de los demás. Me dijo: *"¡Pensé que los misioneros serían tratados como héroes!".*

Ministerio y Envidia

Si estás en el ministerio por las razones equivocadas: Para arreglar lo que está roto en ti, para probar tu valor, o para hacer que Dios te ame - ¡el resultado natural será que **vas a resentir a las otras personas!** Estoy hablando de resentir a otras personas en la iglesia, otras personas en el ministerio.

• Verás a otras personas conseguir lo que tú crees que necesitas, lo que crees que mereces y lo que te gustaría tener.

Otras personas tienen la oportunidad de ser vistas y reconocidas.

A otras personas les irá bien, ¡y la gente los aplaudirá! Oirás a la gente hablar bien de los demás.
• Esto produce **Envidia**: *La envidia es dolor o disgusto por las bendiciones, oportunidades y ventajas de otras personas.*

Podemos tener motivos por los que no estamos contentos con sus bendiciones: *Llevamos más tiempo salvos y hacemos más. Somos más amables. Somos más espirituales.*

Mateo 20:12 NVS Ellos dijeron: 'Esas personas fueron contratadas al último y sólo trabajaron una hora. Pero usted les pagó lo mismo que a nosotros, que trabajamos duro todo el día bajo el sol ardiente'.

La envidia nos hace encontrar defectos: Decimos a la gente: *"No me gustan, porque son muy falsos. Son poco espirituales. He oído que tienen un mal matrimonio. He oído que maltratan a los perritos...".*

Proverbios 23:6 RVR1995 No comas pan con el avaro...

Pero en realidad no se trata de ellos: *¡Se trata de lo que hay en* *nuestros* *corazones!* Un ojo maligno es ver a la gente con ojos de envidia . El error de la envidia es pensar que hacer a los demás más pequeños en valor nos hace más grandes en valor. Ese es un pensamiento equivocado: Si conduces un VW Escarabajo viejo y maltratado, y ves que tu vecino tiene un Mercedes Benz nuevo, entonces decides tomar un martillo y destrozar el Mercedes todo lo que puedas. Cuando terminas de destrozar el Mercedes de tu vecino, **¡TODAVÍA SIGUES CONDUCIENDO UN VW ESCARABAJO VIEJO Y MALTRATADO!** Destrozar el auto de tu vecino no hizo que tu auto fuera más valioso por arte de magia. De la misma manera, ¡encontrar defectos en otras personas no te da más valor!

```
┌─── CAPÍTULO 13 ── ENTENDIMIENTO 🔑 CLAVE ─┐
│                                            │
│  ¡Encontrar defectos en otras personas no te da │
│              más valor!                    │
└────────────────────────────────────────────┘
```

1 Samuel 18:8-9 NVI   Saúl estaba muy enojado; este refrán lo irritaba. "A David le dan crédito por diez miles", pensó, "pero a mí sólo con miles. ¿Qué más puede conseguir sino el reino?". ⁹Y a partir de esa ocasión, Saúl empezó a mirar a David con recelo.

Vemos a otras personas del mismo equipo como competidores. Los vemos como rivales por la atención y rivales por el sentido del valor.

Marcos 9:34 NVS   Pero los seguidores se quedaron callados, porque su discusión en el camino era sobre cuál de ellos era el más importante.

Hace años, había un hombre que me tenía antipatía desde que yo era joven. Me maltrataba, trabajaba en mi contra, hablaba mal de mí y animaba a otros a que también me tuvieran antipatía o trabajaran en mi contra. Yo no entendía qué había hecho o dicho para que me odiara tanto. Un día le pregunté a su mejor amigo: *"¿Por qué me odia tanto este hombre?".* Me contestó: *"Rivalidad* entre hermanos". Me quedé perplejo. Le dije: *"¡Pero si no somos hermanos!".* Él dijo: *"Exactamente - y ese es el problema. Él quisiera ser el hijo del pastor Mitchell".*

Puedo arreglar las cosas si el problema es lo que yo he dicho o hecho, pero no puedo arreglar la envidia. Eso es algo profundo en el corazón de los demás.

El Daño de la Envidia

La envidia produce tantas cosas no saludables en las personas.
- **La envidia produce infelicidad:** Las personas que luchan contra la envidia nunca son felices. Se pasan la vida evaluándose y comparándose con los demás.
- **La envidia produce distracción:** Cuando Jesús le estaba hablando a Pedro en Juan 21 sobre su futuro, su pregunta fue: *"¿Qué le va a tocar a Juan?".*

> *Juan 21:22 NVS Jesús respondió: "Si quiero que viva hasta que yo vuelva, no es asunto tuyo. Tú sígueme".*

- **La envidia produce conflictos:**

> *Santiago 4:1-2 NVS ¿Saben de dónde vienen sus peleas y discusiones? Vienen de los deseos egoístas que batallan dentro de ustedes. ²Quieren cosas, pero no las tienen. Así que están listos para matar y están celosos de otras personas, pero aún no pueden obtener lo que quieren. Así que discuten y pelean. No tienen lo que quieren, porque no se lo piden a Dios.*

¡El ministerio no sana el rechazo!

Sanando la Mentalidad de Resultados en el Ministerio

Mira el camino para sanar la mentalidad de resultados en el ministerio:

Tienes que empezar con el amor de Dios:

Juan 21:15 NTV Después del desayuno, Jesús le preguntó a Simón Pedro: "Simón, hijo de Juan, ¿me amas más que éstos?". "Sí, Señor", contestó Pedro, "tú sabes que te quiero". "Entonces alimenta mis corderos", le dijo Jesús.

Esta escritura nos muestra cómo Jesús trata a la gente después del fracaso: Dios se preocupa por ti a pesar de lo que eres, ¡a pesar de lo que has hecho!

Marcos 16:7 RVR1995 Pero vayan a decirles a los discípulos y a Pedro: "Él va delante de ustedes a Galilea. Allí lo verán, tal como les dijo".

Dios quiere ayudarte. Eso es totalmente ajeno a tus resultados.

Juan 21:5-6 NVI "Muchachos, ¿tienen algo de comer?" preguntó Jesús. "No", le respondieron. 6Jesús les dijo: "Tiren la red a la derecha de la barca y encontraran algunos". Cuando lo hicieron, no podían sacar la red debido a la gran cantidad de peces.

¿De quién se preocupaba Jesús? ¿A quién bendijo con comida? ¿Con quién se tomó el tiempo de reunirse? Gente que había fracasado. Gente que no había hecho lo correcto.

Tienes que enfocarte en amar a Dios, no en los resultados:

Juan 21:17 NTV Le preguntó por tercera vez: "Simón, hijo de Juan, ¿me quieres?". A Pedro le dolió que Jesús le dijera la tercera vez: "¿Me quieres?". Le contestó: "Señor, tú sabes todo. Tú sabes que yo te quiero". Jesús dijo: "Entonces alimenta a mis ovejas".

Este texto da la motivación correcta para el ministerio: Ministramos a otros porque amamos a Dios, no para arreglar lo que está mal dentro de nosotros, no para probar nuestro valor, y no como una competencia con otros.

Tienes que tratar con tu envidia hacia los demás:

Juan 21:15 NTV Después del desayuno, Jesús le preguntó a Simón Pedro: "Simón, hijo de Juan, ¿me amas más que éstos?". "Sí, Señor", contestó Pedro, "tú sabes que te quiero". "Entonces alimenta mis corderos", le dijo Jesús.

Jesús está retando muy directamente sus malas actitudes del pasado: *¿Me amas más que a los otros discípulos?* Pedro respondió: *"No. Te amo a Ti".* Jesús quería que Pedro se arrepintiera: que cambiara su corazón y su manera incorrecta de pensar.

La Bendición de la Sanidad

Cuando tratamos con los problemas de nuestro corazón, eso libera cosas buenas <u>en</u> nosotros, <u>a través de</u> nosotros y <u>para</u> nosotros.
- Trae sanidad y salud a nuestros corazones.
- Hace que el ministerio sea llevadero y agradable.
- Nos permite ayudar a la gente. Somos mucho más eficaces a la hora de ayudar a la gente cuando no vemos a las personas como una forma de ganar autoestima.
- Libera la bendición de Dios.

Greg Mitchell
Testimonio de Greg Mitchell

Salmo 133:1-3 RVR1995 *¡Cuán bueno y cuán agradable es que los hermanos convivan en armonía! 2 Es como el buen aceite que, desde la cabeza, va descendiendo por la barba, por la barba de Aarón, hasta el borde de sus vestiduras. 3 Es como el rocío de Hermón que va descendiendo sobre los montes de Sión. Donde se da esta armonía, el SEÑOR concede bendición y vida eterna.*

Greg Mitchell
Oración – Capítulo 13

Oración: Quiero orar por ti para que Dios te ayude con los problemas de rechazo para que seas efectivo en el ministerio.

Dios, estoy pidiendo en primer lugar por los discípulos que están viendo esto, o las personas que sienten que pueden ser llamados al ministerio, que tienen problemas de rechazo. Necesito que abras sus ojos. Te pido que traigas sanidad a sus corazones. Dales revelación. Sánalos ahora, para que cuando entren en su destino, puedan ser efectivos para Ti. Dios, hay pastores y esposas de pastores en este momento, que pueden estar mirando o leyendo o escuchando. Necesito que hagas milagros en ellos. Ellos ya están en el ministerio. Ellos ya están enfrentando batallas, que la origen fluye del rechazo. Ellos necesitan sanidad. Dios, yo reprendo todo espíritu mentiroso que nublaría su mente y causaría que ellos no vean claramente, abre sus ojos y permíteles ver Tu voluntad. Hazles conocer Tu amor, y trae sanidad del rechazo. Señor Dios. Las heridas del pasado serán sanadas. Permíteles perdonar y hazles conocer Tu amor. A cada persona, Dios haznos ministros capaces del Evangelio, para que podamos hacer eso por Ti y bendecir a otras personas. Te doy gracias por lo que vas a hacer. En el nombre de Jesús. Amén.

Capítulo 14 El Rechazo y La Imagen Corporal

"No quiero parecer un bicho raro; sólo quiero verme un poco mejor". Me estaba cortando el pelo en una barbería que también arreglaba el pelo a mujeres. Sólo había otra clienta, así que mientras el hombre me cortaba el pelo, podía oír a la otra peluquera hablando con su clienta. Hablaban de Botox y cirugía plástica y de sus ventajas. Mi mujer nunca se ha hecho nada de eso, así que no tenía ni idea de por qué las mujeres piensan que son buenas opciones. Entonces oí a la peluquera decir esas palabras*: "No quiero parecer un bicho raro; sólo quiero verme un poco mejor"*. Su clienta estuvo de acuerdo. Esto me hizo querer ver qué aspecto tenían. En el espejo, pude ver que ambas ya se habían sometido a numerosas operaciones y sus rostros, a mi parecer, ya estaban cambiando de diversas maneras. Me hizo dudar de que ella estuviera contenta con verse *"un poco mejor"*.

Ese evento reveló un problema que causa el rechazo no sanado: *Infelicidad con tu propio cuerpo*.

Imagen Corporal

Dos de los ídolos de nuestra sociedad son la <u>belleza</u> y el <u>cuerpo</u>. El mensaje constante que oímos es que tu dignidad y tu valor se basan en tu aspecto y tu cuerpo. Piensa en la publicidad: *¿Cuántas veces miramos a gente fea anunciando un producto?* A menudo es algo subliminal en la publicidad: *Compra este auto y te parecerás a la gente del anuncio. Tendrás el tipo de chica o chico del anuncio.*

Recibimos mensajes constantes sobre la belleza y nuestro cuerpo:

- La publicidad: Mucha publicidad es inspirada por el infierno. Los anuncios están hechos a propósito para hacerte sentir inferior e infeliz contigo mismo, ¡para que compres su producto!
- Los cines y la televisión: Ellos están llenos de gente guapa. Entre bastidores, en las películas y la televisión se paga para que los actores se vean guapos.
- Los medios sociales: Las redes sociales son increíblemente destructivas. Puedes ver fotos de otras personas en Internet (algunas de las cuales son falsas, están filtradas o alteradas por Photoshop) y sin duda compararte con ellas. Esto produce inseguridad.

El rechazo suele centrarse en nuestro cuerpo: En el pasado, alguien nos dijo que no éramos aceptables por nuestro cuerpo o nuestro aspecto. Tal vez se burlaron de ti o te dijeron: *"Eres muy bajo, muy alto, muy gordo, muy delgado, te ves raro con lentes, te ves raro con aparatos, tienes los dientes torcidos, tu nariz es muy grande"*... y así sucesivamente. Los niños a menudo nos ponían apodos crueles centrados en nuestro cuerpo.

La mentira es que tu valor se basa en tu aspecto o en tu cuerpo. La gente piensa: "Si tuviera ese aspecto, sería valiosa y la gente me amaría".
- ¿Tu valor se basa en tu aspecto? El estándar de belleza ha cambiado a lo largo de los años. Las mujeres hermosas de la Edad Media serían consideradas gordas hoy en día.
- ¿Tu valor se basa en la talla de sostén? Eso es humillante, sea cual sea la talla.
- Tu valor se basa en algo que no va a durar. *La gente guapa no siempre tendrá ese aspecto.* La edad y la gravedad siempre ganan.
- Tu cuerpo y tu aspecto no son un indicador exacto de tu valor.

La obsesión con la imagen corporal es demoníaca. Los espíritus demoníacos te dicen que no eres aceptable.

Proverbios 11:22 NTV *Una mujer hermosa sin discreción es como un anillo de oro en el hocico de un cerdo.*

Si le pones joyas bonitas a un cerdo, *¡sigue siendo un cerdo!*

Toda persona tiene una imagen corporal. La imagen corporal es la visión mental que tenemos de nuestro aspecto. La mayoría de nosotros nos centramos en los <u>defectos</u> que tenemos en nuestro cuerpo o en nuestro aspecto. Cuando nos miramos en el espejo o vemos nuestras fotos, acostumbramos a ver lo que nos parece que no está bien de nuestra forma corporal, nariz, ojos, pelo, etc.

• Cada año se gastan miles de millones en fitness: No por salud, sino por estética. Pero a menudo nos esforzamos por un ideal inalcanzable. Intentamos alcanzar la perfección que vimos en el cuerpo de una modelo o de un atleta. No tomamos en cuenta la genética: *¡A veces, es imposible tener ese aspecto!*

• Se gastan miles de millones en cirugía estética. *Los estadounidenses gastaron más de 20 mil millones de dólares en operaciones de cirugía estética en el 2020.* Para las mujeres, fueron operaciones para sus labios, ojos, piel, vientre, senos, etc. Pero los hombres también están recibiendo operaciones faciales e implantes en sus pectorales y pantorrillas.

Esta obsesión con la imagen corporal es demoníaca: *¡Los espíritus demoníacos te dicen que no eres aceptable!*

1 Juan 4:18 RVR1995 *En el amor no hay temor, sino que el amor perfecto echa fuera el temor, porque el temor lleva en sí tormento. Pero el que teme no ha sido perfeccionado en el amor.*

Auto Rechazo e Imagen Corporal Negativa

Las personas que no han tratado con el rechazo pueden acabar rechazándose a sí mismas.

- **A menudo hablamos en contra de nuestro cuerpo: Decimos:** *"Odio mis piernas, mis labios, mi nariz...".*
- **Llegamos a extremos increíbles para intentar cambiar nuestro aspecto o nuestro cuerpo:** Intentamos hacerlo a través de la obsesión por el fitness o la cirugía.

 La idea equivocada que motiva esto es: *"¡Si pudiera arreglar esto o aquello, ENTONCES sería aceptable o ENTONCES estaría contenta con mi apariencia!"* Pero eso no es verdad!. No es lógico; es demoníaco.

Estaba predicando en Melbourne, Australia, cuando una chica de unos veinte años vino a hablar conmigo después del servicio. Ella sentía que sus caderas y la parte exterior de su muslo sobresalían un poco. Ella era anoréxica, las dietas la hicieron adelgazar hasta un nivel poco saludable, pero las dietas no cambiaron la forma de sus huesos. Señaló al hueso de su cadera y dijo: *"Si pudiera operarme y que me rasparan el hueso de ahí (señaló el hueso), ¡sería feliz!"*

El Daño de una Imagen Corporal Negativa

Una imagen corporal negativa causa daños de muchas maneras:
- **Una imagen corporal negativa te hace infeliz:** Cuando cedemos a la mentira de la imagen corporal, caemos en la trampa de la comparación: *Son más delgadas, son más guapas,*

están más en forma, son más atractivas... ¡Está comprobado por la ciencia que las redes sociales provocan infelicidad y depresión!

- **Una imagen corporal negativa afecta a las relaciones:** Cuando cedemos a la mentira de la imagen corporal, nos alejamos de los demás porque estamos convencidos de que no les gustaría alguien como nosotros. No nos entregamos por completo a otros porque pensamos: *"Van a ver mis defectos y me van a rechazar. Van a encontrar a otra persona con mejor aspecto".* En el matrimonio, las mujeres con una imagen corporal negativa prefieren negarse a tener relaciones, y los hombres con una imagen corporal negativa acostumbran a criticar.
- **Una imagen corporal negativa te hace vulnerable:** Si tu rechazo se basa en tu apariencia, te vuelves vulnerable a los halagos. Te abres mental y emocionalmente a que alguien te diga: *"Eres bella"* o *"Eres guapo".*

Proverbios 7:21 NTV Así que ella lo sedujo con sus dulces palabras y lo atrajo con su adulación.

- **Una imagen corporal negativa puede enfermarte:** Naomi Judd dijo: *"Tu cuerpo escucha todo lo que dice tu mente".* Esto es científicamente correcto: Tus palabras afectan a tu cuerpo a nivel de las células. ¡Pero esto es más que ciencia - es espiritual! La Biblia nos dice que Dios escucha tus palabras. Tú dices, *"Dios, por favor sana mi cuerpo..."* ¿El mismo cuerpo del que Él te oye decir cosas malas?

Maravillosamente Hecho

El Salmo 139 nos dice la verdad sobre nuestro cuerpo.

- **Dios participó en tu creación:** La mentira del infierno es que fuiste un error, un accidente, un inconveniente. Pero eso no es lo que dice <u>Dios</u>.

Salmo 139:13 RVR1995 Porque tú formaste mis entrañas; me hiciste en el vientre de mi madre.

La palabra "hiciste" significa tejer y entretejer. Esto nos dice que fuimos planeados y luego formados.

- **Dios dice que tu cuerpo es maravilloso.**

Salmo 139:14 RVR1995 Te alabaré, porque formidable y asombrosamente fui hecho; Maravillosas son tus obras, Y mi alma lo sabe muy bien.

Maravilloso significa 'extraordinario', o 'asombroso'. *Maravillosas son tus obras:* ¿Qué obras? **Nuestros cuerpos.** ¡Dios dice que nuestros cuerpos son extraordinarios y asombrosos - para Él! Nuestras falsas opiniones se basan en las mentiras del mundo.

- **Dios tiene planes para tu vida, ¡eso incluye tu cuerpo!**

Nuestro Verdadero Valor

Tu valor y tu dignidad no tienen <u>nada</u> que ver con tu aspecto o tu cuerpo.

Salmo 139:17-18 RVR1995 ¡Qué preciosos son tus pensamientos acerca de mí, oh Dios! ¡No se pueden enumerar! 18 Ni siquiera puedo contarlos; suman más que los granos de la arena. Y cuando despierto, todavía estás conmigo.

Este versículo es asombroso porque muestra que Dios está pensando en ti. *Él **tiene buenos pensamientos acerca de ti.***

Jeremías 29:11 RVR1995 Porque yo sé los pensamientos que tengo acerca de ustedes, dice el Señor, pensamientos de paz y no de mal, para darles un futuro y una esperanza.

CAPÍTULO 14 —— **ENTENDIMIENTO** ○━━━ **CLAVE**

Tu valor y tu dignidad no tienen nada que ver con tu aspecto o tu cuerpo.

Eres amado, ¡independientemente de tu apariencia o de tu cuerpo! Por eso, ¿cómo debemos reaccionar ante esta verdad?

- **Debemos arrepentirnos por rechazar nuestro cuerpo que Dios creó:** Tenemos que orar y decirle a Dios: *"Lo siento por rechazar lo que Tú dices que es maravilloso y hermoso. Eso no es aceptable para Ti."*
- **¡Necesitamos tomar autoridad sobre los espíritus atormentadores que mienten sobre nuestros cuerpos y mienten sobre nuestro valor!**

Lucas 9:1 RVR1995 Jesús reunió a sus doce discípulos, les dio poder y autoridad sobre todos los demonios y la habilidad de sanar enfermedades.

- **Debemos hablar de manera diferente sobre nuestros cuerpos:**

Proverbios 18:21 NVI En la lengua hay poder de vida y muerte; quienes la aman comerán de su fruto.

Dale gracias a Dios por tu cuerpo. Di lo que Dios dice de tu cuerpo.

Testimonio: Desde que era pequeña, algunos familiares y personas que yo creía que eran mis amigos siempre me habían rechazado. Nunca me querían en los grupos de amigos de mi edad, y la gente con la que yo quería estar se burlaba de mí por ser diferente. Cuando era adolescente, tenía algunos amigos, pero siempre eran muy selectivos a la hora de quererme cerca. Me decían constantemente que era demasiado protegida y que nunca iba a ser como los demás. Chismorreaban sobre mí y nunca me invitaban a reuniones, paseos o acontecimientos especiales.

Llegué a sentirme tan sola y rechazada que empecé a tener pensamientos suicidas. No podía vivir normalmente porque me rechazaban todo el tiempo. Yo ya era salva, pero sabía que estos pensamientos estaban envenenando mi mente, así que decidí que necesitaba orar y pedirle a Jesús que me ayudara. Jesús me libró de la depresión y de los pensamientos suicidas que tenía. Seguía siendo rechazado por la gente, incluso después de orar.

Cuando tenía dieciséis años, el pastor Greg comenzó su Escuela Dominical, Desarraigando el Rechazo. Yo todavía estaba tratando con el rechazo y sintiéndome indigna de la aceptación de la gente. Escuché esa primera lección de la Escuela Dominical y todo cambió. Fui y escuché cada lección de Desarraigando el Rechazo. El Pastor Greg nos guio en muchas oraciones durante la serie, reprendiendo las mentiras del diablo y pidiéndole a Dios que nos liberara del rechazo. Sentí que un peso se me quitaba de encima, y Dios me liberó del rechazo.

Finalmente me sentí aceptada de una forma que nunca antes había sentido, y encontré una alegría en mi salvación que no había tenido antes. Soy amada por el Dios que me creó.

Oración: Algunos de ustedes han visto cómo el rechazo ha afectado su visión de su propio cuerpo y de su valor, así que quiero orar por ustedes.

Dios, hay personas que han creído una mentira. Que su valor depende de su apariencia y de su cuerpo; esa es una mentira del infierno. Algunas de estas personas han sido influenciadas en formas no saludables, están buscando imitar a los ídolos del mundo cuando nuestro mundo adora las apariencias y los cuerpos, eso es del infierno. Dios, libéralos. Hay personas aquí, que han hablado en contra del cuerpo que Tú les has dado. Dios ayúdales a entender como Tú los ves, y entonces déjales ver su cuerpo de una manera saludable. Hemos sido hechos temerosa y maravillosamente. Y entonces, Dios ayuda a la gente a aceptar los defectos, rompe la maldición de las palabras que han hablado sobre sus propios cuerpos, y ayúdales a verse a sí mismos claramente. Su valor viene de Ti. No viene de su apariencia. No viene de sus cuerpos. Te doy gracias por Tu amor. En el nombre de Jesús. Amén.

Capítulo 15 Sanando el Rechazo - Parte 1

"Fue como si una neblina se disipara de mi mente", dice. "Al crecer con rechazo, no me di cuenta de cómo afectaba a mi forma de verlo todo. Cuando llegaba a una nueva clase, a un nuevo trabajo, o más tarde, cuando iba a la Iglesia, nada más entrar, miraba a la gente y me preguntaba cómo me rechazarían... y lo hacían. No me daba cuenta de que estaba interpretando todo desde un punto de vista equivocado. Veía cada mirada y escuchaba cada palabra como una ofensa. Estaba seguro de que la gente me miraba de forma extraña. Sabía que hablaban mal de mí. Cuando me decían algo, yo me ofendía rápidamente: "¿Qué querías decir con eso? Me pasaba la mitad del tiempo enojado y dispuesto a pelear y la otra mitad ofendido y con ganas de salir corriendo. Era una forma miserable de vivir".

"Pero, cuando entendí que el rechazo producía en mí esas reacciones, clamé a Dios para que me liberara del espíritu de rechazo y del miedo al rechazo. Fue como si una neblina se disipara de mi mente, y ahora ya no miro a la gente de la misma manera. Me sentía diferente, por lo que no oía ni interpretaba las cosas como una ofensa. Ha transformado mis relaciones y mi relación con Dios. Estoy agradecido por el poder de Dios para sanar y liberar".

Ésa es la esperanza del Evangelio: libertad del pasado y liberación ahora en nuestra vida. En los dos próximos capítulos vamos a examinar el proceso de la sanidad del rechazo.

Sanando El Pasado

La esperanza del Evangelio y de servir a Dios es ser libre del pasado. El pasado no define tu futuro. No eres condenado por el rechazo del pasado.

> *Lucas 4:18-19 NTV "El Espíritu del Señor está sobre mí, porque me ha ungido para llevar la Buena Noticia a los pobres. Me ha enviado a proclamar que los cautivos serán liberados, que los ciegos verán, que los oprimidos serán puestos en libertad,[19] y que ha llegado el tiempo del favor del Señor."*

Jesús estaba anunciando las buenas nuevas de los resultados de Jesús viniendo a tu vida: *¡No tienes que quedarte como estás!* Hay libertad de emociones dolorosas y patrones de pensamiento destructivos. ¡Jesús libera a los cautivos! Dios promete que quien quiera tener un nuevo futuro, ¡puede tenerlo!

> *Isaías 43:19 NVI ¡Miren, voy a hacer algo nuevo. Ya está sucediendo, ¿no se dan cuenta? Estoy abriendo un camino en el desierto, y ríos en lugares desolados.*
>
> *1 Crónicas 4:10 NVI Jabes clamó al Dios de Israel: "¡Oh, que me bendigas y ensanches mi territorio! Que tu mano esté conmigo, y me guardes de todo mal, para que esté libre de dolor". Y Dios le concedió su petición.*

CAPÍTULO 15 —— ENTENDIMIENTO CLAVE

La esperanza del Evangelio y de servir a Dios es libertad del pasado.

Necesitamos sanidad sobrenatural del pasado. El rechazo hace daño espiritual y emocionalmente por dentro. El rechazo va acompañado de emociones dolorosas. No puedo <u>convencerte</u> a que dejes tu dolor: *¡Necesitas un milagro sobrenatural de sanidad!*

Lucas 4:18 RVR1995 *"El Espíritu del Señor está sobre mí, porque me ha ungido para predicar el evangelio a los pobres; **me ha enviado a sanar a los quebrantados de corazón**, a proclamar la libertad a los cautivos y la vista a los ciegos, a poner en libertad a los oprimidos;*

A aquellos cuyos corazones fueron quebrantados por haber sido rechazados o por nunca haber recibido el amor y la aprobación que necesitabas: *¡Tú puedes ser sanado!*

Génesis 41:51 RVR1995 *José llamó al primogénito Manasés (olvidar): "Porque Dios me ha hecho olvidar todo mi sufrimiento y toda la casa de mi padre".*

José fue rechazado y abusado por sus hermanos. Pero años más tarde, el nombra a su primer hijo Manasés, que significa 'Olvidar'. Él estaba diciendo públicamente: *"¡Ya no me duele más! Mi dolor pasado es ahora simplemente información".*

En la Parábola del Buen Samaritano, el Samaritano derramó aceite y vino en las heridas del hombre atacado por los ladrones. El aplicó la sanidad en los lugares donde le dolía al hombre. El aceite era un símbolo del Espíritu Santo. ¡Eso nos muestra que Dios puede aplicar el Espíritu Santo a tu corazón quebrantado!

Salmos 147:3 RVR1995 *Él sana a los quebrantados de corazón y venda sus heridas.*

Isaías 53:3-5 RVR1995 *Despreciado y desechado por los hombres, varón de dolores y experimentado en sufrimiento. Y como que escondimos de él el rostro; Fue menospreciado, y no lo* estimamos. *4 Ciertamente llevó Él nuestras enfermedades, y sufrió nuestros dolores; pero nosotros le tuvimos por azotado, como herido y afligido por Dios. 5 Mas Él herido fue por nuestras rebeliones, molido por nuestros pecados; el castigo de nuestra paz fue sobre Él, y por sus llagas fuimos nosotros sanados.*

Jesús puede sanar a los que han sido rechazados, porque Él fue despreciado y rechazado.

Una Liberación Sobrenatural

Sanar el pasado implica una liberación sobrenatural. Una lección que aprendemos de Jesús sanando a la gente en el Nuevo Testamento: A veces lo que te afecta es demoníaco. *¡Viene del infierno!*

Mateo 8:16 NVS Aquella noche la gente llevó a Jesús a muchos que tenían demonios. Jesús habló y los demonios salieron de ellos, y sanó a todos los enfermos.

El rechazo es en parte demoníaco. Hay espíritus atormentadores de miedo, de vergüenza, de paranoia y de temor al rechazo.

Lucas 9:1 RVR1995 Jesús reunió a los doce apóstoles y les dio poder y autoridad para expulsar a todos los demonios y para sanar enfermedades.

Si eres un Cristiano, ya no tienes más que vivir atormentado por esos espíritus: *¡Tienes el poder de expulsar a esos espíritus!*

Participando en Tu Propio Rescate

Si quieres desarraigar el rechazo, debes perdonar a quienes te rechazaron. Cuando la gente nos hace daño al rechazarnos, es

Sanar el pasado implica una liberación sobrenatural.

normal sentir ira por su rechazo: *¿Por qué me trataste así? ¿Por qué no me diste lo que necesitaba? ¡No es justo!*

Pero a veces la gente se <u>aferra</u> a ofensas pasadas: Esto se llama resentimiento o amargura.

> **Hebreos 12:15 RVR1995** *Tengan cuidado. No dejen que crezca una raíz venenosa de amargura que los estorbe, contaminando a muchos.*

- Las personas rechazadas a menudo siguen peleando con quienes las rechazan: *Hoy descargan su ira en los demás.*
- Las personas rechazadas a menudo intentan demostrar cosas a quienes las rechazaron.

Mientras no sueltes la ira y el resentimiento, las personas que te rechazaron seguirán teniendo poder sobre ti.

> **Mateo 18:34-35 NVS**[34] *El rey se enojó mucho y puso al siervo en la cárcel para castigarlo hasta que pudiera pagar todo lo que debía.* [35]*"Este rey hizo lo que mi Padre celestial les hará a ustedes si no perdonan de corazón a su hermano o hermana".*

El que no le pagó ahora tiene el poder de mantenerlo en prisión.

¿Hasta cuándo permitirás que personas de tu pasado arruinen tu vida, tus relaciones y tu relación con Dios?

Toma un calendario y marca una fecha en la que lo dejarás. ¿Dejarás que tengan poder sobre ti otros seis meses? ¿Dejarás que tengan poder sobre ti otros cinco años? Eso no es sólo una tontería, ¡es una locura!

Así que la única respuesta lógica es perdonar: **Soltar la deuda.** " *Me deben amor. Me deben la infancia que me robaron".* ¡**Suéltalo!**

Efesios 4:32 NVS *Sean amables y amorosos unos con otros, y perdónense mutuamente así como Dios los perdonó en Cristo.*

Perdonar es reconocer que *Yo no soy el juez.* Mi parte es dejarlo ir. La parte de Dios es sanar.

El perdón permite a Dios hacer un milagro en nosotros y por nosotros.

Marcos 11:24-25 NTV *Les digo, ustedes pueden orar por cualquier cosa y si creen que la han recibido, será suya.* [25]*Pero cuando estén orando, primero perdonen a todo aquel contra quien guarden rencor, para que su Padre que está en el cielo también les perdone a ustedes sus pecados."*

Una parte esencial del perdón es cambiar la forma que hablamos. Las personas rechazadas a menudo vuelven a contar los rechazos y las violaciones de su pasado. También lo hacen con su dolor o su pasado para excusar su comportamiento actual. Cuando están en conflicto, o alguien les confronta por su comportamiento o actitudes inaceptables, a menudo vuelven a contar su dolor: *"Actúo así por cómo me criaron. ¡Claro que hablo así, no sabes lo que me han dicho!".* **¡Lo que dices, lo mantienes vivo!** Si no quieres que el pasado siga dañando tu vida en el presente, ¡deja de hablar de ello! La señal de que hemos perdonado a la gente de verdad es que dejamos de recontar sus abusos.

Si quieres desarraigar el rechazo, debes rechazar el rechazo. Jesús no estuvo de acuerdo con la opinión que los judíos o los romanos tenían de Él.

Juan 8:48-50 NVI Los judíos le respondieron: "¿No tenemos razón al decir que eres un samaritano y que estás endemoniado?". 49"No estoy endemoniado -dijo Jesús-, Tan solo honro a mi Padre; pero ustedes me deshonran a mí. 50Yo no busco mi propia gloria; sino que hay uno que la busca, y él es el juez.

En nuestra vida, hemos recibido opiniones de rechazo y de valor de personas o del infierno. A veces, aceptamos esa opinión como verdadera, o aceptamos los sentimientos de rechazo como normales. Aceptarlos nos impide escuchar la verdad y bloquea las bendiciones de Dios.

Lo que tenemos que hacer es romper el acuerdo con el rechazo: Rechazar deliberadamente las mentiras de lo que somos y las mentiras de lo que no somos.

Números 30:3, 5 RVR1995 3 "Si una mujer hace un voto al Señor, y se obliga por algún acuerdo mientras vive en la casa de su padre en su juventud, 5Pero si su padre se lo prohíbe el día en que se entera, ninguno de los votos y las obligaciones con que ella haya ligado su alma será firme. Y Jehová la perdonará, por cuanto su padre se lo prohibió.

Este versículo era la provisión del Antiguo Testamento para aquellos que habían dicho palabras que los obligaban de alguna forma. Dios hizo una manera de romper el poder de esas palabras de la vida de una persona.

Esto habla de nuestro privilegio en la oración. Podemos ser muy específicos sobre las palabras que otros han dicho sobre nosotros o contra nosotros. También puede referirse a palabras no saludables que hemos dicho en nuestro dolor sobre nosotros mismos.

- Podemos orar específicamente: *Esas palabras de rechazo que me fueron dichas - ¡Yo las rechazo! Palabras no saludables que he pronunciado sobre mí - Yo rompo la maldición de esas palabras.*
- Podemos luchar en la oración contra los ataques del infierno. A menudo estos vienen en forma de sentimientos negativos que nos atormentan. Podemos orar contra ellos: *Estos sentimientos no son normales - son del infierno, ¡y yo los expulso y les ordeno que se vayan!*

Chuck Dean habló ante 200 veteranos de Vietnam. Les habló del poder destructivo de la amargura y de cómo había perdonado a Jane Fonda por traicionar a los Estados Unidos durante la guerra de Vietnam. Preguntó quién quería ser libre de esa mujer y de lo que representaba para ellos. Muchas manos se alzaron. La puerta de salida se abrió de golpe mientras oraba por la liberación de aquellos hombres. Vio a un Marino grande llamado Rob salir apresuradamente de la sala en su silla de ruedas. Una hora después, Rob, que llevaba 20 años sin levantarse de su silla de ruedas, entró por la puerta. Rob dijo: "Decidí ceder y oré para que Dios me ayudara a perdonar a Jane Fonda. Cuando hice esa oración, de repente sentí un hormigueo en las piernas. La sensación en las piernas me asustó tanto que fui directamente al hospital de veteranos para que me las revisaran. Después de sondearme, descubrieron que tenía sensibilidad en las piernas. ¡Así que me levanté y salí andando, dejando atrás mi silla de ruedas!".
 Luego, con mucha gratitud, añadió: "¡No sólo estoy libre de ella, sino también estoy libre de mi silla de ruedas!".

Eso es lo que Dios quiere hacer por ti. Perdona para que puedas ser libre de las personas que te han rechazado, y permite que el poder milagroso fluya en tu vida.

Testimonio: Les voy a contar mi vida en pocas palabras, sin entrar en detalles ni describir acontecimientos porque, si no, sería una historia muy larga.

Nací en un hospital de la India e inmediatamente me llevaron a un orfanato. Allí viví hasta los cinco años. La gente que trabajaba en el orfanato creía en los castigos corporales y les gustaba utilizarlos.

Luego me adoptó una familia de Holanda con padre, madre y dos hermanos mayores. Mi padre era alcohólico y adicto al trabajo, por lo que estuvo muy ausente. Mi hermano mayor es discapacitado físico y requiere muchos cuidado y atención. Me acosó desde que llegué y, de niña, me era difícil tratar con él. Mi otro hermano es su hijo biológico y, por lo tanto, era muy querido por mi madre adoptiva.

Yo no cumplía con las expectativas de mi madre adoptiva. En su opinión, yo era rebelde y desobediente. Esto se convirtió en maltrato físico y psicológico, humillación y abandono por parte de ella desde los cinco hasta los treinta y un años. El abuso mental continuó incluso cuando me fui de casa a los veintiún años. Tuve varias crisis emocionales. Durante mis crisis, tenía pensamientos suicidas y estaba deprimida, enojada y amargada.

Entonces me encontré con la espiritualidad. La persona que empezó a leerme el alma me contó cosas que no podía saber de mi juventud. Entonces creí en eso. Luego me preparé para leer almas y auras por mí mismo. En una ocasión, quise leer a alguien, pero fui bloqueada. Cuando pregunté a la fuerza que me bloqueaba quién era, me dijo claramente que era Dios. Y Dios dijo: "Esta persona es mía, y mantente lejos de ella". Yo no era cristiana y no le creí. Entonces volví a intentarlo y recibí de nuevo el mismo mensaje. Después de eso, dejé de leer almas y auras.

Seis meses después, me convertí en la iglesia de la Puerta. Más tarde, Dios me convenció para que perdonara a mi madre. No quise hacerlo porque ella no se lo merecía. Pero la convicción persistió e incluso se hizo más fuerte. Al cabo de un año y medio, perdoné y bendije a mi madre adoptiva.

Lamentablemente, ella falleció hace catorce meses. Estoy muy feliz de haberla perdonado y bendecido, porque estaba atrapada en mi pasado. Pensé que ya había acabado con él, pero seguía teniendo miedo y estaba desesperada para sobrevivir. Siempre me sentí no rechazada, no amada, insegura y desconfiada por todos. Me sometí a varias terapias, pero me di cuenta de que no me ayudaban.

En noviembre de 2023, asistí al estudio bíblico del pastor Greg sobre desarraigar el rechazo. Reconocí en mí más del 75% de todo lo que el mencionó en el estudio Bíblico. Al orar durante la serie, me di cuenta de que tengo menos miedo y ya no me siento rechazada tan fácilmente. También siento más amor de Dios y puedo reconocer al Espíritu Santo obrando en mí. Cada vez me doy más cuenta de que Dios es confiable y amoroso y que nunca me abandonará. He observado que tengo una visión más positiva de la vida y siento amor por mí y por los demás. Testifico más y quiero decirle a otros acerca de Jesús. También noto que soy una esposa más amable con mi esposo y una madre más amorosa con mi hija de dos años.

Chris Thorne
Historia de salvación de Chris Thorne

Leebon Britoe
La primera vez que oí que era amado,
todo empezó a cambiar para mí

No había tenido tanta felicidad en mi vida hasta que Dios me liberó, pero ahora, cuando pienso en Dios, oro, canto o leo la Biblia, sinceramente siento una alegría que nunca había tenido antes. Por eso estoy tan agradecida por este estudio bíblico y por lo que Dios está haciendo en mi vida.

Greg Mitchell
Oración - Capítulo 15

Oración: Ahora que Dios ha abierto tus ojos, vamos a comenzar el proceso de orar por sanidad, y quiero orar por ti ahora mismo.

Dios, hay personas aquí que necesitan más que palabras. Necesitan un milagro. Primero, estoy pidiendo por sanidad sobrenatural. Dios, Tu dijiste que Jesucristo vino a sanar a los corazones quebrantados. Hay personas - sus corazones han sido quebrantados por el rechazo. Ellos necesitan un milagro de sanidad. Dios, aplica el aceite del Espíritu Santo. Sana cada herida, cada palabra que fue dicha en el pasado. Quiebro esa maldición de palabras sobre ellos. Sana sus corazones. Dios hay personas que están atadas en ira y resentimiento. Dios, están llenos de amargura por rechazos del pasado. Permíteles ahora mismo a perdonar verdaderamente desde su corazón. El pasado ya no gobernara sus vidas. A medida que son capaces de dejarlo ir, haz un milagro en sus corazones y

Dios, te pido que sobrenaturalmente les permitas encontrar liberación. Tomo autoridad sobre el rechazo y el temor al rechazo. Lo echo fuera de sus corazones y de sus mentes, libera a los cautivos ahora mismo ellos van a experimentar sanidad, perdón y liberación, a partir de este momento. En el nombre de Jesús. Amen.

Capítulo 16 Sanando el Rechazo - Parte 2

En 2016, una profesora de secundaria de Colorado llamada Brittni Darras descubrió que una de sus mejores alumnas había estado a punto de suicidarse. El pensar que una de sus alumnas pudiera estar tan triste como para planear quitarse la vida, le rompió el corazón a Darras. Así que Darras preguntó a la madre de la chica si podía escribirle una carta a su hija. En la carta, Brittni Darras le decía a la chica lo que veía cuando la miraba. Veía a una joven con una gran personalidad e intelecto, y un futuro brillante. Cuando la chica recibió la carta, le dijo a su madre: "No pensé que nadie me diría cosas tan bonitas. No pensé que nadie me echaría de menos cuando me fuera".

La carta tuvo un efecto tan positivo en aquella joven estudiante que Darras acabó escribiendo una carta personal a cada uno de sus alumnos -los 130- para decirles todo lo bueno que veía en ellos. Las entregó a cada alumno antes de que se fueran de vacaciones de verano, lo que provocó abrazos y sonrisas de muchos de los adolescentes al leer las amables palabras. Una alumna lanzó su carta al aire y dijo que era lo mejor que había recibido en su vida.

Darras dice que a sus alumnos les encantaron sus cartas. Las leían una y otra vez, las compartían con sus amigos y una estudiante dijo: "Voy a guardar esto para siempre". Nunca se dieron cuenta de lo mucho que le importaban a su profesora, de que veía algo especial en cada uno de ellos.

Esta historia ilustra una parte importante de la sanidad del rechazo: **saber quién eres, que está basado en el amor que Dios te tiene.**

El Amor Echa Fuera el Miedo

> CAPÍTULO 16 — **ENTENDIMIENTO CLAVE**
>
> *La sanidad del rechazo viene de saber quién eres, que se basa en el amor de Dios por ti.*

El rechazo es, en definitiva, un ataque al amor. De alguna manera, nos dieron el mensaje*: "No eres amado, ni valorado, ni aceptado o digno de ser amado".*

El efecto principal del rechazo se centra en la cuestión del amor.

- **Somos incapaces de <u>dar</u> amor:** *¿Dices "te quiero" a tu familia o a tu cónyuge? ¿Puedes expresar amor, aprecio, valor y afecto?*
- **No podemos <u>recibir</u> amor:** *Cuando las personas rechazadas reciben admiración de los demás, no se lo creen. Las personas rechazadas se sienten incómodas con el amor y el afecto.*
- **Las personas rechazadas viven en la inseguridad:** Nunca están seguros o convencidos en sus relaciones humanas y con Dios. Siempre tienen pensamientos que les atormentan: *"No soy lo bastante bueno. No le gustaría a él. No les gustaría a ellos."*

La respuesta al rechazo es el amor. No sanamos el rechazo mirando la fuente del <u>rechazo</u> sino mirando la fuente del <u>amor</u>.

> *1 Juan 4:18 RVR1995 En el amor no hay temor, sino que el perfecto amor echa fuera el temor, porque el temor lleva en sí castigo. Pero el que teme no se ha perfeccionado en el amor.*

Al final, todo depende del fundamento del cristianismo: **El amor de Dios.**

1 Juan 4:16 RVR1995 Y nosotros hemos conocido y creído el amor que Dios tiene para con nosotros. Dios es amor, y el que permanece en amor permanece en Dios y Dios en él.

¡Dios quiere tener una relación contigo! *1 Juan 4:19 RVR1995 Nosotros lo amamos porque Él nos amó primero.*

El Dios del universo no estaba contento de vivir sin nosotros: *Dios bajó del cielo para traernos a Su familia.* Dios hizo un esfuerzo increíble y pagó el precio más alto para que pudieras ser incluido en Su familia.

1 Juan 3:1 RVR1995 Miren cuánto nos ama el Padre, que nos ha concedido ser llamados hijos de Dios.

El amor de Dios no se merece ni se gana, se da: *1 Juan 4:19 RVR1995...¡Él nos amó primero!*
- Para los que sienten que no alcanzan las expectativas: Dios sabía lo que se traía entre manos cuando te invitó a formar parte de Su familia.
- Para los que piensan que sus problemas harán que Dios cambie de opinión sobre nosotros: ¡Él quiere ayudarte cuando tienes problemas!

Efesios 1:6-7 RVR1995 para alabanza de la gloria de su gracia, con la cual nos hizo aceptos en el Amado. [7] *En él tenemos redención por su sangre, el perdón de pecados, según las riquezas de su gracia*

Este versículo contiene dos declaraciones muy poderosas:

Dice que somos aceptados: La palabra significa *'Dar un honor especial. Ser altamente favorecido'*. No es solo que Dios nos tolera; es que somos especiales, honrados y favorecidos a Sus ojos.

Dice _en el Amado_: Esto significa que somos vistos como Jesús fue visto. Somos amados como Jesús fue amado. No somos sólo seguidores - ¡somos parte de la familia de Dios!

CAPÍTULO 16 —— **ENTENDIMIENTO** CLAVE

¡La respuesta al rechazo es el amor!

Dios Se Deleita En Ti

Sofonías 3:17 NVS El SEÑOR tu Dios está contigo; el Poderoso te salvará. Se alegrará por ti. Descansarás en su amor; cantará y se alegrará por ti".

Dios nos da una imagen de cómo nos ve. No se limita a tolerarnos; ¡Él se alegra por nosotros! Cualquier padre o abuelo amoroso tiene una buena idea de lo que esto significa. Cuando nació mi hija, tuve que contenerme para no enseñar fotos de ella a desconocidos. Estaba encantado con ella, ¡y todavía no había hecho nada! Nos inventábamos canciones tontas para cantarle. Cada pequeña cosa que hacía nos parecía lo más maravilloso que jamás se había hecho. Así es como Dios se siente contigo. Él se alegra por ti. Tal vez en el cielo, saca tu foto y les dice a los ángeles: *"¡Ese es mi niño!"* o *"¡Esa es mi niña!"*

Dios se alegra de que estés en la familia. No sólo te ama (porque tanto amó Dios al mundo), ¡Le gustas! Un día, un hombre de nuestra iglesia me hizo una declaración muy honesta y poderosa. Me dijo: *"Sé que Dios me ama, pero para ser honesto, ¡no estoy seguro de que le guste!"*.

Algunos de ustedes adoran a su familia. Te parece bien reunirte con ellos una o dos veces al año. Pero puede que algunos de ellos no te gusten. No quieres que formen parte de tu vida. Pero a Dios le gustas. Él quiere estar contigo. Él quiere tener una relación contigo.

Dios Quiere Darte Cosas Buenas

Romanos 8:32 RVR1995 El que no escatimó ni a su propio Hijo, sino que lo entregó por todos nosotros, ¿cómo no nos dará también con Él todas las cosas?

Ese versículo nos da una lógica muy alentadora: Si Dios ya demostró que daría el regalo más caro de la historia (Su propio Hijo) para que pudiéramos estar en Su familia, ¡no hay límite a lo que Dios está dispuesto a dar a los que ama!

Mi esposa y yo ahora tenemos nietos. Siempre estamos buscando maneras de bendecirlos. Si vemos juguetes o material deportivo, decimos: "¡Benjamín y Jonathan los necesitan!". Cuando vemos vestidos bonitos en la tienda, decimos: ¡Ellie y Rory los necesitan! Estoy seguro de que podrían vivir sin las cosas que les damos, pero nos encanta darles cosas buenas porque ¡los queremos a **ELLOS**!

Cualquier necesidad que tenga en la vida, cualquier situación a la que me enfrente, pienso: **"¡¡Mi Padre Celestial me ama. Él me ayudará!!"**. No sé lo que Él hará para ayudarme, no sé cómo me ayudará, pero porque sé que Él me ama, confío en que me ayudará.

Lucas 12:32 RVR1995 No teman, manada pequeña, porque a su Padre le ha placido darles el reino.

194

Los que no tienen una revelación del amor de Dios piensan que orar es obligar a Dios a hacer lo que en realidad no quiere hacer. Pero Jesús dice que no tenemos que vivir con miedo porque Dios se complace en darnos cosas buenas.

La Bendición del Reposo

El sistema religioso judío estaba lleno de muchas reglas y rituales que la gente tenía que seguir para estar bien con Dios. Esas personas tuvieron que vivir con mucha inseguridad: *¿Me salte alguna de las reglas? ¿Habré tocado accidentalmente algo impuro que me impide entrar en la presencia de Dios?*

Pero incluso los cristianos que no comprenden el amor de Dios viven en la inseguridad y el miedo. ¿Soy lo suficientemente bueno? ¿He hecho lo suficiente? ¿Me porto bien para que Dios no esté molesto conmigo? Pero la Biblia hace declaraciones poderosas en el Nuevo Testamento: *"En Cristo"* o *"En Él"*. Estos términos hablan de cómo Dios nos ve: Debido a que Dios nos ha dado la justicia de Jesús, Dios nos ve como si estuviéramos en unión con Jesús. Eso significa que no nos ve como personas débiles y fracasadas, sino como hijos amados y aceptados. Cuando Jesús murió en la cruz, sus últimas palabras fueron: *"Consumado es"*. El precio está pagado. Ahora somos aceptados y amados por Dios, sobre la base de la vida y el sacrificio perfectos de Jesús.

El resultado práctico de nuestra identidad en Cristo es el **reposo**.

Hebreos 4:10 RVR1995 porque el que entra en el reposo de Dios, también reposa de sus propias obras, así como Dios de las suyas.

Podemos descansar en el amor de Dios, lo que significa que no tenemos que tener miedo, pensando: *"Tengo que ganar, merecer o alcanzar resultados para tener el amor de Dios."*

1 Juan 4:18 RVR1995 En el amor no hay temor, sino que el perfecto amor echa fuera el temor.

En el libro "Conocer a Dios", SJ Hill dice: *"No fuiste hecho para encontrar tu identidad en las cosas que haces. Fuiste hecho para estar en relación con Dios. El Padre no define tu vida por lo que haces. Él define tu vida por lo que Él te creó para que fueras para Él. Él no quiere tus esfuerzos tanto como te quiere a ti. El disfruta tu adoración. El disfruta las veces que piensas en El. Pero sobre todo, Él disfruta de ti".*

CAPÍTULO 16 —— **ENTENDIMIENTO** **CLAVE**

El resultado práctico de nuestra identidad en Cristo es el reposo.

Poseer el Amor de Dios

El amor de Dios es un hecho consumado, pero tú tienes la responsabilidad personal de hacerlo realidad.

Debes pedirle a Dios una <u>revelación</u> de Su amor:

*Efesios 3:18-19 RVR1995 puedan comprender con todos los santos cuál es la anchura, lo largo, la profundidad y la altura -- **para conocer el amor de Cristo, que sobrepasa a todo conocimiento,** a fin de que sean llenos de toda la plenitud de Dios.*

La palabra 'conocer' significa experimentar. Si te pregunto: *"¿Crees que Dios te ama?"* Probablemente afirmarías con la cabeza, pensando en **Juan 3:16** *Porque de tal manera amó Dios al mundo...* Pero necesita ir de tu <u>cabeza</u> a tu <u>corazón</u>; ¡para que sea <u>tuyo</u>! ¡Lo conozco! ¡Lo experimento! ¡Lo siento! Eso es un milagro que Dios está dispuesto a hacer por ti.

Debes documentar el amor de Dios:

El único lugar donde realmente puedes encontrar el amor de Dios es en la Biblia. A veces desafío a la gente a leer la Biblia y mirar a Jesús (Dios en carne y hueso) y ver cómo trataba a la gente (¡no a los fariseos!) *¿Qué les decía? ¿Qué hizo por ellos?* Jesucristo es la revelación de Dios. ¡Lo que Él hizo por otros es lo que Él hará por ti! Lo veo proveyendo para la gente necesitada, ayudando a los desesperados, y hablando amablemente a los que han fallado. Él hará lo mismo por ti.

Tenemos que leer, estudiar y <u>personalizar</u> la palabra de Dios: Cuando lees una promesa que Dios hace, debes decir: *"¡Esa promesa es para <u>mí</u>! ¡Eso es lo que Dios quiere para <u>mí</u>! ¡Eso es lo que Dios hará por <u>mí</u>!"*

He contado en el pasado que cuando quise el poder milagroso de Dios en mi vida, leí, estudié y oré sobre las escrituras que prometían poder milagroso de sanidad. Un día en mi oficina, estaba leyendo **Hebreos 13:8** *Jesucristo es el mismo ayer, hoy y por los siglos.* De repente, se convirtió en una revelación. ¡Pasó de mi <u>cabeza</u> a mi <u>corazón</u>! ¡Era <u>mío</u>! A partir de ese momento, ¡supe que el poder sanador trabajaría para mí hoy! Debes hacer eso por ti mismo con respecto al amor de Dios por ti y tu identidad en Cristo.

Escríbelo: *Habacuc 2:2 RVR1995 Entonces el Señor me respondió y dijo: "Escribe la visión y ponla por escrito en tablas, para que corra el que la lea".* Hay algo poderoso en tomarse el tiempo para escribir lo que Dios dice. A veces es así como la información se convierte en revelación. Tengo páginas de versículos de la Biblia sobre varias situaciones por las que estaba pasando en ese momento. Tomé el tiempo para escribirlos y luego orar sobre ellos. Las diversas promesas (sanidad, dinero, liberación, dirección) se convirtieron en una revelación para mí.

Tú debes recibir el amor de Dios por la fe: Recibir el amor de Dios es una decisión de fe. Haces esto de la misma manera que fuiste salvo, lleno del Espíritu Santo, sanado, o ayudado financieramente. Escuchaste lo que Dios promete, y decidiste, *"¡Es verdad, y es verdad para <u>mí</u>!"*

1 Juan 4:16 RVR1995 hemos conocido <u>y creído</u> el amor que Dios tiene para con nosotros...

‾
Dirigiendo Tu Corazón

La Biblia habla del poder de las palabras.

Santiago 3:4-5 RVR1995 Mirad también las naves: aunque tan grandes y llevadas de impetuosos vientos, son gobernadas con un muy pequeño timón por donde el que las gobierna quiere. ⁵ Así también la lengua es un miembro pequeño, pero se jacta de grandes cosas...

Tu boca es el timón de tu corazón. El timón de tu vida. Lo que dices dirigirá o afectará tu corazón.

Proverbios 18:21 NVI En la lengua hay poder de vida y muerte; quienes la aman comerán de su fruto.

¡Las palabras producen cosas en tu corazón y en tu vida!

• **Tienes que dejar de decir cosas contra el amor de Dios:** Mucha gente se ha pasado la vida diciendo*: "No soy lo suficientemente bueno, no soy como los demás...".* Estás diciendo cosas contrarias a lo que Dios dice sobre tu valor y tu identidad.

No es casualidad que Dios impidió a Zacarías hablar durante el embarazo de Elisabet. Dios no quería que dijera palabras en contra de los planes de Dios para sus vidas.

• **Tienes que alinear tu boca con la verdad del amor de Dios:** ¡Jesús habló de su identidad en voz alta!

Juan 10:30 NVS El Padre y yo somos uno".
Juan 3:35 NVS El Padre ama al Hijo y le ha dado poder sobre todas las cosas.

QUIÉN DICE DIOS QUE SOY: Soy bendecido con toda bendición espiritual en Cristo (Efesios 1:3) Fui elegido antes de la fundación del mundo. (Efesios 1:4) Soy llamado a ser santo y sin mancha en el amor. (Efesios 1:4) Soy adoptado en Cristo para Dios el Padre. (Efesios 1:5) Soy aceptado en la familia de Dios. (Efesios 1:6) Soy perdonado. (Efesios 1:7) Tengo una herencia maravillosa. (Efesios 1:11) Estoy sellado con el Espíritu Santo de la promesa. (Efesios 1:13) Tengo una esperanza y un llamado. (Efesios 1:18) Estoy vivo. (Efesios 2:1) Estoy sentado en los lugares celestiales con Cristo. (Efesios 2:6) Soy hechura de Dios. (Efesios 2:10) Fui creado para buenas obras. (Efesios 2:10) Fui acercado a Dios. (Efesios 2:13) No estoy separado de Dios. (Efesios 2:14-18) ¡Hoy tengo acceso al Padre! (Efesios 2:18)

El Poder de la Gratitud

El poder del infierno es derrotado por la gratitud y la adoración: *Dar gracias a Dios vocalmente por las cosas buenas. Quién Él es. Lo que ha hecho por nosotros. Cómo nos ve.*

> **Filipenses 4:6-7 NTV** *6 No se preocupen por nada; en cambio, oren por todo. Díganle a Dios lo que necesitan y denle gracias por todo lo que él ha hecho. 7 Así experimentarán la paz de Dios, que supera todo lo que podemos entender. La paz de Dios cuidará su corazón y su mente mientras vivan en Cristo Jesús.*

- Las personas que no conocen el amor de Dios culpan y se quejan. Su actitud y sus palabras son obstáculos de la obra de Dios en sus vidas.
- Las personas que conocen el amor de Dios adoran y dan gracias a Dios.

> La adoración hace que Dios baje a nuestra situación y cambie las cosas para nuestro beneficio. Mientras Pablo y Silas adoraban en la prisión, un terremoto sobrenatural ocurrió causando que las puertas de la prisión se abrieran y sus cadenas se cayeran.
>
> El agradecimiento nos protege. Filipenses 4:6-7 muestra que cuando "*le damos gracias por todo lo que ha hecho*", "*Su paz guardará nuestros corazones y nuestras mentes*". 'Guardar' es una palabra que representa a un soldado que hace de centinela e impide el acceso. El Diablo no tiene mucho éxito en atacar y ganar entrada en los corazones y mentes de creyentes agradecidos.

Estoy orando para que Dios haya abierto los ojos de tu entendimiento para que experimentes una liberación genuina del espíritu de rechazo. Esto te permitirá caminar en verdadera libertad mientras ganas confianza en el amor de Dios.

Testimonio: Estimado Pastor Greg, La primera vez que sentí que tenía un problema con el rechazo fue en mi adolescencia y a principios de mis veinte años. Con frecuencia me costaba recibir cualquier comentario o corrección, y me lo tomaba muy a pecho, casi siempre con lágrimas en los ojos. También me ponía a la defensiva y trataba de justificarme y culpar a los demás, sin aceptar mi responsabilidad personal. Este tipo de encuentros y conflictos en las relaciones era emocionalmente muy doloroso para mí, y recuerdo haber tenido estos problemas desde la escuela primaria. Si alguna vez cometía un error en la escuela y me corregía mi profesor o alguien en una posición de autoridad, me destrozaba. Odiaba sentir ese dolor, así que me esforzaba por ser perfecta y nunca equivocarme ni cometer un error.

Testimonio: Me casé a los 21 años y, a los 24, mi marido y yo empezamos a tratar de formar una familia. Aquí es donde las cosas empezaron a complicarse. Quedé embarazada con un embarazo ectópico, perdí a mi bebé y, al mismo tiempo, perdí mi fertilidad. Me operaron de urgencia y me quitaron la Trompa de Falopio derecha. Después descubrieron que la Trompa de Falopio

REECE, Y MARIAH COOKE CON LA BEBÉ HALLIE

izquierda también estaba totalmente obstruida, lo que me impidió concebir de forma natural. Esto trastornó mi mundo. Mi corazón deseaba ser madre y era todo lo que había soñado desde niña.

Vinieron años de infertilidad y, durante ese tiempo, mucho estrés y confusión. Una vez más, tomé ese revés como algo personal y lo interpreté como un rechazo de Dios. Sentí que Dios me había creado para ser madre, y el deseo era tan grande que no entendía por qué me lo había quitado. Al mismo tiempo, oraba y creía que Dios haría un milagro y nos daría hijos. Había oído muchos testimonios de personas en la misma situación y sabía que Dios era capaz. Pero pasó el tiempo y no ocurrió ningún milagro.

Hubo un gran avance cuando un evangelista vino y me dio una palabra de conocimiento. El me revelo que había heridas de mi niñez que yo tenía muy profundas, y que Dios quería sanarme de ellas. Dios comenzó a mostrarme que algunas heridas de la infancia eran tan dolorosas para mí y las había escondido tanto que ni siquiera reconocía que estaban allí.

Poco a poco, Dios fue trayendo cosas a la superficie y sanándolas. La experiencia fue, a veces, muy dolorosa, pero cada vez que

Dios me mostraba algo y me sanaba, sentía tanta alegría y libertad en mi espíritu. Es muy extraño saber que estaba tan esclavizada y, sin embargo, ni siquiera lo sabía. Sólo cuando eres libre ves realmente la esclavitud a la que estabas sometido.

Al final, no recibí el milagro físico que esperaba. En cambio, recibí uno espiritual. Pero con la sanidad espiritual vino la confianza para tomar decisiones sin temor a desagradar a Dios o a alejarme de su voluntad. Mi marido y yo decidimos someternos a un tratamiento de fertilidad, que siempre había sido una opción para nosotros, pero yo estaba tan atada por el temor y la inseguridad que durante años me resistí a tomar esa decisión. De muchas maneras, necesitaba sanidad espiritual antes de poder tomar posesión de la promesa en su plenitud. Creo que fue el momento y la gracia de Dios para sanarme antes de ser madre.

En marzo de 2021, seis años después de perder a nuestro primer bebé, dimos la bienvenida al mundo a nuestra hija Hallie. No hay palabras para describir mi gratitud hacia mi Padre celestial por la gracia que me ha mostrado. Si hubiera logrado mis deseos y me hubiera salido con la mía, no me cabe duda de que la maternidad hubiera estado llena de tanto tormento y ansiedad y no de la alegría que mi corazón deseaba. Ahora entiendo más que nunca la bondad y el amor de Dios hacia mí, y a veces es abrumador para mi pequeño corazón humano entender.

Es increíble que Dios trabaje de la manera que lo hace en nuestras vidas y use nuestro quebrantamiento para mostrar Su bondad. Aunque antes de ver esta serie, yo había recibido liberación del rechazo, Dios continuó Su obra de sanidad, llevándola a un nivel más profundo y mostrándome mentalidades incorrectas y formas de pensar con las que todavía necesitaba tratar. La manera en que usted expuso el tema me ayudó a conectar los puntos y ver una revelación aún mayor en esta área de lo que Dios me había revelado anteriormente.

También sé de primera mano lo mucho que este tema puede realmente descarrilar tu destino, perjudicar tu relación con Dios y su dirección, y limitar tu caminar cristiano. Con esto en mente, quiero expresar mi agradecimiento a usted por enseñar sobre este tema con tanta profundidad, ya que estoy segura de que traerá liberación a muchos otros como yo.

Dios le bendiga, Mariah Cooke

Greg Mitchell
Oración - Capítulo 16

Oración: Hemos llegado al final del libro y quiero hacer una última oración - y es que Dios abra tus ojos y te muestre Su amor.

Dios, como han leído o escuchado este libro, ahora necesitan un milagro y el milagro que necesitan, Señor Dios, es la liberación que viene a través de la verdad.

Tú dijiste que la verdad nos hará libres. Dios, abre sus ojos. Te pido que mientras oran, mientras leen tu palabra, les muestres cuánto los amas. Abre los ojos de su entendimiento para que puedan saberlo. Dios, ellos ya son amados, y cuando lo entiendan, deja que eso eche fuera el temor. El amor perfecto echa fuera el temor. Dios, muéstrales Tu amor perfecto. Trae la liberación. Oh, Dios, como ellos ven eso ahora, palabras correctas; Deja que sean declaradas. Permite que la sanidad fluya en cada área de sus vidas. ¡Dios, un milagro! La liberación sobrenatural viene de la verdad. Muéstrales la verdad. A partir de este momento, las cosas van a cambiar en sus vidas. Dios, te doy gracias por la sanidad que prometes, y te doy gracias por la revelación que vas a dar. En el nombre de Jesús. Amén.

Chris Thorne
Liberado del rechazo

Leebon Britoe
Quién soy. Asuntos de confianza.

Leebon Britoe
Dios va a hacer lo mismo.

Leebon Britoe
Avance. Ya no quiero estar enojado.

Leebon Britoe
Me llamó hijo

Leebon Britoe
Buscar a mi padre.

Comentarios Finales

Quiero agradecer a cada uno de ustedes que ha leído o escuchado este libro. Quiero animarte a que ahora empieces a aplicar algunas de las cosas que Dios te ha revelado. Aférrate a la palabra de Dios para ti mismo. Ora sobre algunos de estos temas en ti mismo. Identifica las áreas en las que has encarado las cosas incorrectamente, y arrepiéntete. Pídele a Dios que te ayude a cambiar. Te estoy animando; algunas personas me han enviado testimonios diciendo como volvieron a repasar la serie original de Desarraigando el Rechazo y Dios comenzó a remover y desarraigar lentamente esas raíces de rechazo, pero han encontrado liberación. Yo creo que cada uno de ustedes, van a encontrar liberación. Vas a encontrar sanidad y vas a fluir en tu relación con Dios y en tus relaciones con las personas, tu familia, tus hijos, cada área de tu vida. Estoy creyendo que Dios verdaderamente desarraigará el rechazo. Que Dios te bendiga.

Lecturas Recomendadas

Exponiendo la Mentalidad de Rechazo (Exposing the Rejection Mindset)

Mark DeJesus   Turning Hearts Ministries

El Poder de una Nueva Identidad (The Power of a New Identity)

Dan Sneed   Sovereign World Publishers

Libérate, sé tú Mismo (Free Yourself, Be Yourself)

Alan D. Wright   Multnomah Books

El Rechazo al Descubierto (Rejection Exposed)

Anthony Hulsebus

La Bendición (The Blessing)

John Trent, Gary Smalley y Kari Trent Stageberg (Enfoque a la Familia) W Publishing Group

Referencias

Capítulo 1

El pastor Rick Renner habla de una época en la que estuvo enfermo durante mucho tiempo en la escuela secundaria...

https://renner.org/article/if-youre-feeling-unwanted-abandoned-or-rejected-its-time-to-rejoice/

Rechazo Activo/Rechazo Pasivo
Página 22 El Rechazo Expuesto: Entendiendo la Raíz y el Fruto del Rechazo Anthony Helsebus

La Escalada Imposible: Alex Honnold, El Capitán y la Vida de Escalador por Mark Synnott
Localización Kindle 512

Capítulo 2

El Rabino Shmuley Boteach era amigo de Michael Jackson...
CNN 30 de junio de 2009 Amigo rabino de Jackson: El Cantante era 'un alma muy torturada'
https://www.cnn.com/2009/SHOWBIZ/Music/06/30/jackson.rabbi/index.html

La Escritora y Directora Karen Moncrieff habla sobre el efecto del divorcio de sus padres
USA Today 10 de junio de 2003 Para que se Entienda: Las Hijas necesitan a los padres
https://canadiancrc.com/Newspaper_Articles/USA_Today_Daughters_Need_fathers_10JUN03.aspx

Capítulo 3

Un periodista entrevista a Marilyn Monroe... Página 72

La Bendición: Brindando el Regalo de Amor y Aceptación Incondicional
John Trent, Gary Smalley y Kari Trent Stageberg

Capítulo 4
Por favor, Dime que me amas... Página 22
La Bendición: Brindando el Regalo de Amor y Aceptación Incondicional
John Trent, Gary Smalley y Kari Trent Stageberg

Capítulo 5
Brené Brown: La vergüenza es...
https://brenebrown.com/articles/2013/01/15/shame-v-guilt/

El tenista Andre Agassi tuvo mucho éxito...
Agassi revela más cosas en su autobiografía
ESPN 28 de octubre de 2009

Capítulo 6
Jimmy Evans cuenta la historia de un hombre...
Video: Estás haciendo daño a tu matrimonio
Ronald Reagan derrumbe este muro...
Wikipedia: ¡Derrumbe este muro!

Capítulo 7
Los psicólogos sociales Carol Tavris y Elliot Aronson...
Se Han Cometido Errores (pero no por mi parte) Página 227

Pastor Fred Craddock/Ben Hooper... Kindle location 2232
Historias de Craddock por Fred Craddock Chalice Press

Capítulo 8
Edward Welch dijo: "¿Cuál es el resultado de... la idolatría hacia las personas?...

Cuando la Personas son Grandes y Dios es Pequeño, P&R Publishing, 1997

Capítulo 10
En 2013, un canadiense de 76 años tuvo que ser rescatado por los bomberos
Atrapado inmovilizado bajo montones de escombros durante días
https://www.christianpost.com/trends/hoarder-pinned-under-piles-of-debris-for-days-rescued-with-chainsaw.html

Capítulo 14
Naomi Judd dice: *"Tu cuerpo oye todo lo que dice tu mente"*.
https://www.brainyquote.com/quotes/naomi_judd_170356

Capítulo 16
En 2016, una profesora de secundaria de Colorado llamada Brittni Darras...
Today.com Una Profesora escribe notas a 130 alumnos tras el intento de suicidio de un adolescente
9 de junio de 2016
https://www.today.com/news/teacher-writes-notes-130-students-after-teen-s-attempted-suicide-t97386

Cita de S.J. Hill Conocer a Dios:
S.J. Hill Conocer a Dios: Experimentar la intimidad con el Padre Celestial (Relevant Books 2001)

Quién dice Dios que Soy: Kindle Location 3371 2ª Edición . Edición Kindle.
Desenmascarar la Mentalidad de Rechazo Experimenta el Amor | Conoce quién eres | Potencia Tus Relaciones Por Mark DeJesus Turning Hearts Ministries & Transformed You

Agradecimientos

Quiero dar las gracias a todos los que me animaron a convertir la serie de enseñanzas "Desarraigando el Rechazo" en un libro.

Muchas gracias a Daryl Elliot. Me animó a escribir el libro, corrigió cada capítulo y añadió valiosas sugerencias. Eres MUY útil para mí.

Una vez más, muchas gracias a Steven Ciaccio por su ayuda técnica en tantos aspectos. Trabajos artísticos, grabación de vídeo, edición de vídeo, correcciones fotográficas, inserción de códigos QR, grabación y edición de audio; si hubiera sabido lo inteligente que eres, ¡te hubiera dejado casarte antes con mi hija! Todo eso, además de un excelente hombre de Dios. Eres una bendición increíble para mi vida y para la Iglesia de Prescott.

Gracias a Jesse Morales y Matt Sanderlin por su esfuerzo colectivo en la revisión y corrección de errores tipográficos. La ayuda adicional de Matt en la transcripción de vídeos y la grabación de audio de la traducción al español es muy apreciada.

Gracias de nuevo a Manuel Delgado, mi esforzado traductor al español. Como siempre, estás utilizando tus dones para bendecir al mundo de habla Hispana. Gracias por corregir y detectar errores y erratas al traducir el libro.

Gracias a los hombres de otras naciones que ayudan a revisar la traducción al español para Manuel. Estos pastores experimentados son graduados universitarios y pastorean en diferentes naciones de habla hispana. Aprovechan su experiencia en el idioma y ayudan a mantener el "Español" neutral y legible para todas las naciones de habla hispana.

Fabián Godano - Argentina. Heriberto Lapizco - España. Eladio Junior Ruiz - Perú.

Gracias a Devon Ryals por transcribir las oraciones de los vídeos y ayudar en la filmación y edición de los mismos.

Gracias a Chris Thorne y Leebon Britoe por su disposición a compartir en vídeo sus historias de desarraigando el rechazo. Sus testimonios no son solo historias, sino poderosas herramientas que Dios utilizará para ayudar a muchas otras personas.

Gracias a Jonathan Heimberg, Jordan Martin y Jayden Martin por grabarme los testimonios.

Gracias a todos los que compartieron conmigo sus testimonios por escrito.

Por encima de todo, doy gracias a Dios. No sólo me has salvado, sino que me has permitido predicar Tu glorioso Evangelio. Me has ayudado para que pueda ayudar a otros. Nos has bendecido tanto a Lisa y a mí para que podamos ser una bendición. Todavía sigo asombrado de Tu bondad. Por todo el mundo, declaro a la gente: "¡Mi Padre Celestial me ama mucho!". Hago esto para que puedan obtener una revelación de Tu amor por ellos. Que este libro sea utilizado para Tu gloria.

Sobre el Autor

Greg Mitchell se salvó en Prescott (Arizona) cuando era adolescente. Conoció y se casó con su esposa Lisa en Perth, Australia. Fue discipulado, entrenado para el ministerio pastoral, y enviado de la Casa del Alfarero en Perth para ser pionero de su primera iglesia en Launceston, Tasmania, Australia. Fue pastor en Melbourne, Victoria, Australia, en tres ocasiones diferentes (2 iglesias diferentes - Footscray y Dandenong). En Melbourne (Footscray), Victoria, comenzó a orar por los enfermos y a ver el Poder Sanador de Dios. Greg y Lisa respondieron al llamado de Dios como misioneros a Johannesburgo, Sudáfrica, donde Dios les ayudó a establecer una próspera congregación en el suburbio de Eldorado Park. Greg es ahora el Pastor Principal de The Potter's House (Casa del Alfarero) en Prescott, Arizona. Él es el líder de Christian Fellowship Ministries (Ministerio de Compañerismo Cristiano), Internacional, un movimiento de plantación de iglesias con más de 3300 iglesias en todo el mundo (Casa del Alfarero, La Puerta, Capilla de la Victoria). CFM tiene iglesias en 143 naciones. Desde 1986, Greg ha predicado la revelación del amor de Dios y Su poder para sanar y liberar: Cuerpo, Alma y Espíritu. También es autor del libro "Poder de Sanidad".

Enlaces Multimedia

Para ver todas las fotos y vídeos, siga el enlace siguiente.

https://www.prescottpottershouse.com/uprooting-rejection-media